열여섯 시간에 완성하는 중학 영어 단기 특강

열중16강

문법
LEVEL 2

열중 16강
문법 LEVEL 2

지은이	NE능률 영어교육연구소
선임 연구원	김지현
연구원	이지연 허인혜 이희진
영문 교열	Nathaniel Galletta August Niederhaus
디자인	박정진 김연주
내지 일러스트	김예은 김혜연
내지 사진	www.shutterstock.com
맥편집	김선희

Let's grow together

NE능률이
미래를
창조합니다.

건강한 배움의 고객가치를 제공하겠다는 꿈을 실현하기 위해
40년이 넘는 시간 동안 열심히 달려왔습니다.

앞으로도 끊임없는 연구와 노력을 통해
당연한 것을 멈추지 않고

고객, 기업, 직원 모두가 함께 성장하는 NE능률이 되겠습니다.

Life is like riding a bicycle.
To keep your balance you must keep moving.
인생은 자전거를 타는 것과 같다. 균형을 유지하기 위해서는 끊임없이 페달을 밟아야 한다.

Albert Einstein

구성과 특징

Grammar

꼭 필요한 문법 설명을 한눈에 들어오게 정리하였습니다.

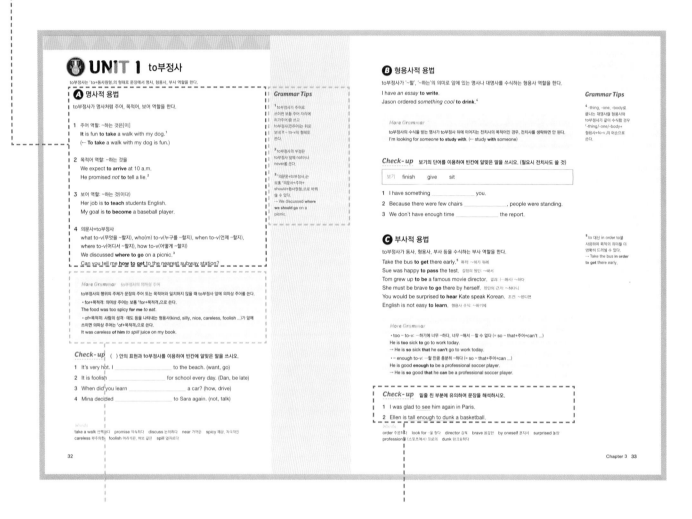

More Grammar, Grammar Tips

해당 문법 사항을 이해하는 데 꼭 필요하거나,
추가로 알아두면 좋은 정보를 담았습니다.

Check-up

간단한 문법 문제로 핵심 내용에 대한
이해도를 빠르게 확인할 수 있습니다.

내신 적중 테스트

학습한 내용을 학교 시험과 유사한
문제들로 점검하여 내신을 효과적으로
준비할 수 있습니다.

서술형 내공 UP

다양한 서술형 문제들을 통해 학교
시험에서 점점 더 중시되고 있는 서술형
문제를 확실하게 대비할 수 있습니다.

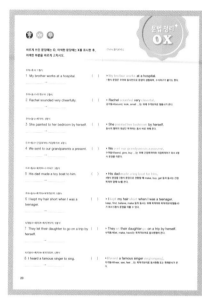

문법 정리 OX

꼭 기억해두어야 할 문법 사항을
간단한 OX 문제를 풀면서
다시 한 번 정리할 수 있습니다.

Special Thanks to 열중 16강 문법 개발에 도움을 주신 선생님들

강군필 마포푸른솔학원   강선 인천연성중학교   강은희 국제어학당   권이정 M&S사관학원   김광민 비전 SnD 학원   김명희 스쿨카슨어학원

김민혜 상도중학교   김봉수 SM English 어학원   김수연 원당중학교   김용진 바른어학원   김지수 정상어학원   김혜영 에듀원영어학원

명가은 명가은어학원   박혜영 인천동방중학교   송선미 신방학중학교   신규숙 EM&트로이카학원   양세일 양세일영어학원   양용식 숭의여자중학교

오인아 보스톤어학원   윤석진 윤석진어학원   이정욱 이은재어학원   이채민 정현영어학원   전성훈 훈선생영어학원   정창용 엑소더스어학원

주세정 천호중학교   최호준 현대캠프입시학원   편영우 SCL영어학원   한나경 원힐영수전문학원   한승표 English Expert 영어전문학원

이 책의 목차

Chapter 5
수동태

Chapter 6
관계사

Chapter 7
비교 표현

Chapter 8
부정대명사와 접속사

Study Plan

학습일		학습 단원		학습 진행 상황
DAY 01	Chapter 1	Unit 1	1, 2, 3, 4형식	☐
DAY 02		Unit 2	5형식	☐
		내신 적중 테스트 / 서술형 내공 UP / 문법 정리 OX		☐
DAY 03	Chapter 2	Unit 1	현재, 과거, 미래시제	☐
DAY 04		Unit 2	현재완료시제	☐
		내신 적중 테스트 / 서술형 내공 UP / 문법 정리 OX		☐
DAY 05	Chapter 3	Unit 1	to부정사	☐
DAY 06		Unit 2	동명사와 분사	☐
		내신 적중 테스트 / 서술형 내공 UP / 문법 정리 OX		☐
DAY 07	Chapter 4	Unit 1	조동사 1	☐
DAY 08		Unit 2	조동사 2	☐
		내신 적중 테스트 / 서술형 내공 UP / 문법 정리 OX		☐
DAY 09	Chapter 5	Unit 1	수동태의 기본	☐
DAY 10		Unit 2	주의해야 할 수동태	☐
		내신 적중 테스트 / 서술형 내공 UP / 문법 정리 OX		☐
DAY 11	Chapter 6	Unit 1	관계사 1	☐
DAY 12		Unit 2	관계사 2	☐
		내신 적중 테스트 / 서술형 내공 UP / 문법 정리 OX		☐
DAY 13	Chapter 7	Unit 1	원급, 비교급, 최상급	☐
DAY 14		Unit 2	주요 비교 표현	☐
		내신 적중 테스트 / 서술형 내공 UP / 문법 정리 OX		☐
DAY 15	Chapter 8	Unit 1	부정대명사	☐
DAY 16		Unit 2	접속사	☐
		내신 적중 테스트 / 서술형 내공 UP / 문법 정리 OX		☐

문장의 기본 구성

1 품사

영어 단어는 그 기능에 따라 명사, 대명사, 동사, 형용사, 부사, 전치사, 접속사, 감탄사 등으로 나눌 수 있는데, 이들 단어의 종류를 '품사'라고 한다.

명사   사람, 동물, 사물 등 모든 것의 이름을 나타내는 말이다.

Mike, woman, giraffe, Seoul, skirt, juice …

Emily is a **photographer**.   Emily는 사진작가이다.
They attended the **meeting**.   그들은 회의에 참석했다.

대명사   명사를 대신하여 쓰는 말로 주로 명사의 반복을 피하기 위해 쓴다.

인칭대명사(I, we, them, his …), 지시대명사(this, that, these, those, it …)

Where is *Michael*? – **He** is at the playground.   Michael은 어디에 있니? – 그는 운동장에 있어.
I saw *a movie* yesterday. **It** was quite interesting.   나는 어제 영화를 보았다. 그것은 꽤 재미있었다.

동사   사람, 동물, 사물 등의 동작이나 상태를 나타내는 말로 동사에는 be동사, 일반동사, 조동사가 있다.

be동사(be, is, are …), 일반동사(sleep, wear, try …), 조동사(will, must, can …)

They **are** best friends.   그들은 가장 친한 친구들이다.
I **read** books every day.   나는 매일 책을 읽는다.
We **should be** careful.   우리는 조심해야 한다.

형용사   사람, 동물, 사물의 형태, 성질, 상태 등을 나타내는 말로 문장에서 (대)명사를 수식하거나 보충 설명한다.

big, pretty, difficult, funny, delicious …

I bought <u>**two white** *cats*</u> yesterday.   나는 어제 두 마리의 하얀 고양이를 샀다.
This mushroom soup tastes **salty**.   이 버섯 수프는 짠맛이 난다.

부사	장소, 방법, 시간, 정도, 빈도 등을 나타내는 말로 형용사, 다른 부사, 동사, 문장 전체를 수식한다.

very, here, there, strongly, wisely, tomorrow, sometimes …

Jack was **very** *upset*.　Jack은 매우 언짢아했다.
She speaks English **quite** *well*.　그녀는 영어를 꽤 잘 말한다.
He *completed* his project **easily**.　그는 그의 프로젝트를 쉽게 끝마쳤다.
Fortunately, *Mary won the lottery*.　운 좋게도 Mary는 복권에 당첨되었다.

전치사	장소, 목적, 방법, 시간 등을 나타내는 말로 명사(구) 앞에 쓰인다.

in, at, on, over, below, for, by, after …

We met **at** the school cafeteria.　우리는 학교 매점에서 만났다.
Jason came home **before** midnight.　Jason은 자정 전에 집에 왔다.

접속사	단어와 단어, 구와 구, 절과 절을 이어주는 말이다.

and, but, or, so, when, before, after, because …

There are *apples* **and** *orange juice* in the refrigerator.
냉장고에 사과와 오렌지 주스가 있다.
I *know this song's title* **but** *don't know the singer's name*.
나는 이 노래의 제목은 알지만 가수의 이름은 모른다.
My face turned red **when** *my teacher asked me a question*.
선생님이 내게 질문을 했을 때 내 얼굴은 빨개졌다.

감탄사	기쁨, 슬픔, 놀람 등의 감정을 나타내는 말이다.

Oh, Wow, Hooray, Ouch, Oops …

Hooray, our baseball team won the championship!　만세, 우리 팀이 우승했어!
Ouch, my ankle hurts.　아야, 내 발목이 아파.

2 문장의 성분

문장의 성분이란 문장을 구성하는 데 기본이 되는 요소들을 말한다. 문장은 기본적으로 주어와 동사로
이루어져 있으며, 필요에 따라 목적어, 보어, 수식어 등이 온다.

주어
'누가', '무엇이'에 해당하는 말로 동작이나 상태의 주체를 나타낸다. 주로 (대)명사가 오지만,
동명사구나 to부정사구와 같이 긴 주어가 오기도 한다.

Mike is very kind. **Everyone** likes him.　　Mike는 매우 친절하다. 모든 사람들이 그를 좋아한다.
Eating junk food is not a good habit.　　정크푸드를 먹는 것은 좋은 습관이 아니다.

동사
'~하다', '~이다'에 해당하는 말로 주어의 동작이나 상태를 나타낸다. 두 단어 이상이 모여 동사 역할을
하기도 하고, 조동사와 함께 쓰이기도 한다.

The musical **was** wonderful.　　그 뮤지컬은 훌륭했다.
I **took off** my jacket.　　나는 내 재킷을 벗었다.
Brian **can run** very fast.　　Brian은 매우 빠르게 뛸 수 있다.

목적어
'누구를', '무엇을'에 해당하는 말로 동사의 행위의 대상을 나타낸다. 목적어로는 주로 (대)명사가 오지만,
동명사구나 to부정사구와 같이 긴 목적어가 오기도 한다.

He read **a comic book**.　　그는 만화책을 읽었다.
They decided **to take a taxi**.　　그들은 택시를 타기로 결정했다.

보어
동사를 도와 주어나 목적어를 보충 설명하는 말이다. 보어가 동사 뒤에 와서 주어를 보충 설명하면 '주격보어',
목적어 뒤에 와서 목적어를 보충 설명하면 '목적격보어'이다. 보어로는 명사나 형용사 등이 온다.

The girl became **a nurse**. 〈주격보어〉　　그 소녀는 간호사가 되었다.
My puppy makes *me* **happy**. 〈목적격보어〉　　내 강아지는 나를 행복하게 한다.

수식어
문장의 다른 요소들을 꾸며주는 말로 문장을 구성하는 데 꼭 필요한 성분은 아니지만,
문장의 필수 성분들을 꾸며서 내용을 알차게 만든다.

The **strong** man moved the boxes.　　그 힘센 남자가 그 상자들을 옮겼다.
I saw a rabbit **in the forest**.　　나는 숲 속에서 토끼 한 마리를 보았다.

Chapter 1

문장의 형식

UNIT 1 1, 2, 3, 4형식

A 주어+동사: 1형식

목적어나 보어 없이 주어와 동사만으로 성립되는 문장이다. 부사(구) 등의 수식어를 써서 문장의
의미를 풍부하게 할 수 있다.

The door **opened**.
Carla **arrived** at the hotel.

Check-up 다음 문장의 주어(S)와 동사(V)를 찾아 쓰시오.

1 Babies often cry.
2 Minhee lives in Gwangju.
3 The dog jumped into the pool.

B 주어+동사+주격보어: 2형식

동사만으로는 주어를 충분히 설명할 수 없어서 주어의 성질·상태 등을 보충 설명하는 주격보어가
필요한 문장이다.

1 동사(be, become ...)+명사(구)/형용사
   The old man **was** *tall*.
   My sister **became** *a flight attendant*.[1]

2 감각동사(look, feel, smell, taste, sound ...)+형용사
   The new teacher **looks** *kind*.[2]
   Joan **feels** *tired* every morning.

Check-up 우리말과 일치하도록 (   ) 안의 표현을 이용하여 문장을 완성하시오.

1 그의 목소리는 멋지게 들린다. (great)
   → His voice _____.

2 내일은 크리스마스 이브이다. (Christmas Eve)
   → Tomorrow _____.

3 이 초콜릿 케이크는 달콤한 맛이 난다. (sweet)
   → This chocolate cake _____.

4 Alice는 반장이 되었다. (the class president)
   → Alice _____.

Grammar Tips

[1] 2형식 문장에서 주어와
주격보어 사이에는 '주어
= 주격보어'의 관계가
성립한다.
(My sister = a flight
attendant)

[2] 보어로 부사는 올 수 없다.
→ The new teacher
looks *kindly*. (X)

➕
감각동사+like+명사(구):
감각동사 뒤에 명사(구)를 쓸
때는 전치사 like(~같이)를
붙인다.
He **looked** like *his father*.

Words
open 열리다   pool 수영장   flight attendant 승무원   class president 반장

12

ⓒ 주어+동사+목적어: 3형식

동사의 행위의 대상인 목적어가 있는 문장이다.

Laura **ate** *a hamburger and French fries.*
Mike **likes** *to go skiing.*

Check-up ( ) 안에 주어진 단어를 바르게 배열하시오.

1 _____ yesterday. (a tablet PC, I, bought)

2 _____ on the Internet. (reads, Amy, sports news)

3 _____ at the supermarket. (he, his math teacher, saw)

ⓓ 주어+동사+간접목적어+직접목적어: 4형식

동사의 행위의 대상인 목적어가 두 개인 문장이다.

1 수여동사: '~에게(간접목적어)'와 '~을(직접목적어)'의 의미를 나타내는 두 개의 목적어를
  취하는 동사로 give, show, send, bring, teach, tell, make, buy, get, ask 등이 있다.
  Ms. Jones **gave** <u>her students</u> <u>a lot of homework</u>.
  　　　　　　　　　간접목적어　　　　　직접목적어

  My grandmother **made** <u>me</u> <u>chicken soup</u>.

2 4형식 문장의 3형식 전환
  • 간접목적어 앞에 to를 쓰는 동사: give, show, send, bring, teach, tell 등
  We gave *the children presents*.
  → We gave <u>presents</u> **to** the children.
  • 간접목적어 앞에 for를 쓰는 동사: make, buy, get 등
  Lily bought *her friends lunch*.
  → Lily bought <u>lunch</u> **for** her friends.
  • 간접목적어 앞에 of를 쓰는 동사: ask
  The reporter asked *the president many questions*.
  → The reporter asked <u>many questions</u> **of** the president.

Check-up 두 문장이 같은 뜻이 되도록 빈칸에 알맞은 말을 쓰시오.

1 Bob sent his girlfriend a flower basket.
  → Bob sent a flower basket _____.

2 Susan made her children a pepperoni pizza.
  → Susan made a pepperoni pizza _____.

Words
French fries 감자튀김　bring 가져오다　reporter 기자　president 대통령　basket 바구니

UNIT 2 5형식

A 주어+동사+목적어+목적격보어

목적어만으로는 문장의 뜻이 불완전하여 목적어를 보충 설명하는 목적격보어가 필요한 문장이다. 동사에 따라 명사(구), 형용사(구), to부정사(구), 동사원형 등이 목적격보어로 올 수 있다.

1 동사(call, name, make …)+목적어+명사(구)

We **called** our baby *James*.[1]
They **named** their daughter *Dorothy*.

2 동사(find, believe, keep, make …)+목적어+형용사(구)

This coat will **keep** you *warm*.
Exercise **makes** you *healthy and strong*.

3 동사(want, tell, allow, expect …)+목적어+to부정사(구)

Lucy **wanted** Jim *to wait for 10 more minutes*.
My parents **expected** me *to get the top score on the exam*.

Grammar Tips

[1] 5형식 문장에서 목적어와 목적격보어 사이에는 '목적어 = 목적격보어'의 관계가 성립한다.
(our baby = James)

➕
4형식과 5형식 문장에서의 make 비교
• 4형식
Tom **makes** his mother breakfast on her birthday.
(his mother ≠ breakfast)
• 5형식
His investments **made** him a millionaire.
(him = a millionaire)

Check-up 우리말과 일치하도록 보기와 ( ) 안의 표현을 이용하여 문장을 완성하시오.

보기	believe	allow	expect	name	make	keep

1 그 토크쇼는 그를 유명한 스타로 만들었다.
→ The talk show _____. (a famous star)

2 선생님은 그의 학생들이 정직하다고 믿었다.
→ The teacher _____. (honest)

3 에어컨은 그 사무실을 시원하게 유지한다.
→ The air conditioner _____. (the office, cool)

4 내 조카는 그녀의 인형에게 Kitty라는 이름을 붙여주었다.
→ My niece _____. (her doll)

5 Jack은 그의 여동생이 자신의 스마트폰을 사용하도록 허락하지 않는다.
→ Jack doesn't _____ his smartphone. (use)

6 Sally는 내가 12시 전에 도착할 것으로 기대했다.
→ Sally _____ before noon. (arrive)

Words

name 이름을 지어주다   allow 허락하다   expect 기대하다   score 점수   investment 투자
millionaire 백만장자   honest 정직한   niece (여자) 조카

B 사역동사/지각동사+목적어+목적격보어

1 사역동사[2](make, let, have)+목적어+동사원형

The heavy rain **made** the river *flood*.

The school **let** the children *go* home early.

My mom **had** me *wash* the dishes.

More Grammar

• get은 사역의 의미를 갖고 있지만 목적격보어로 to부정사를 쓴다.

My parents **got** me *to study* for the test.

• help는 목적격보어로 동사원형과 to부정사를 모두 쓸 수 있다.

Jim **helped** Alex (*to*) *write* an essay.

2 지각동사[3](see, watch, feel, smell, hear, listen to …)+목적어+동사원형

I **saw** John *cross* the street.

Eunji **heard** the cat *make* noise at night.

He **felt** someone *touch* his shoulder.

More Grammar

'진행'의 의미를 강조할 때는 지각동사의 목적격보어로 현재분사(v-ing)를 쓰기도 한다.

Kelly **saw** Paul *eating* chicken with his friends.

Grammar Tips

[2] 사역동사: 주어가 목적어에게 어떤 동작을 하도록 시키는 동사(~로 하여금 …하게 하다)

[3] 지각동사: 눈으로 보고, 듣고, 느끼는 것과 같이 감각기관을 통해 느끼는 것을 나타내는 동사

➕ 사역동사와 지각동사의 목적어와 목적격보어의 관계가 수동일 때는 목적격보어로 과거분사 (v-ed)를 쓴다.
- David **had** his camera *fixed*.
- I **saw** a car *broken* down on the road.

Check-up   밑줄 친 부분을 어법에 맞게 고치시오.

1 His parents never let him <u>watching</u> TV late at night.

2 Shawn heard Ryan <u>to close</u> the front door.

3 The doctor had Lisa <u>to drink</u> a lot of warm water.

4 Mr. Simpson got me <u>give</u> a presentation.

5 Eric helped an old woman <u>carrying</u> her heavy bag.

6 My sister saw the man <u>to steal</u> someone's wallet in the bus.

Words

flood 범람하다   make noise 시끄럽게 하다   break down 고장 나다   front door 현관
give a presentation 발표하다   wallet 지갑

[01-05] 빈칸에 알맞은 것을 고르시오.

01

I gave _____ some money.

① he   ② to he
③ him   ④ to him
⑤ his

02

The song made me _____.

① sad   ② sadly
③ to sad   ④ being sad
⑤ for sad

03

I heard Kate and Bill _____ last night.

① are fighting   ② to fight
③ fighting   ④ fights
⑤ will fight

04

Ben helped his sister _____ the laundry.

① does   ② did
③ do   ④ done
⑤ to doing

⭐ 자주 나와요
05

My parents want me _____ harder.

① study   ② to study
③ studying   ④ to studying
⑤ studied

💬 서술형
06 ( ) 안에 주어진 단어를 바르게 배열하여 문장을 다시 쓰시오.

Bill (to, the photograph, showed, me).
→ _____

💬 서술형
[07-08] 우리말과 일치하도록 ( ) 안의 단어를 이용하여 문장을 완성하시오.

07

이 수프는 좋은 냄새가 난다.
→ This soup _____ _____. (nice)

08

그는 그의 다리가 떨리는 것을 느꼈다.
→ He _____ his legs _____. (shake)

[09-10] 우리말을 영어로 바르게 옮긴 것을 고르시오.

09

그 여자는 그에게 그 개를 돌보게 했다.

① The woman had he take care of the dog.
② The woman had he to take care of the dog.
③ The woman had him take care of the dog.
④ The woman had him to take care of the dog.
⑤ The woman had him taking care of the dog.

10

그녀의 어머니는 그녀가 교사가 되길 기대한다.

① Her mother expects she become a teacher.
② Her mother expects she to become a teacher.
③ Her mother expects her become a teacher.
④ Her mother expects her becoming a teacher.
⑤ Her mother expects her to become a teacher.

11 밑줄 친 부분이 어법상 어색한 것은?

① Your boyfriend looks funny.
② That sounds like a great plan.
③ This orange juice tastes terribly.
④ This sweater doesn't feel warm.
⑤ The students were talking loudly in the room.

[12-15] 빈칸에 알맞지 않은 것을 고르시오.

⚠ 어려워요
12

The family _____ very happy.

① looked   ② sounded
③ became   ④ was
⑤ lived

13

My father didn't _____ me to watch TV.

① want   ② get
③ let   ④ tell
⑤ allow

14

I think his idea sounds _____ .

① amazing   ② great
③ perfect   ④ fantastic
⑤ strangely

15

They _____ their children play outside.

① made   ② had
③ heard   ④ allowed
⑤ watched

16 우리말과 일치하도록 할 때 빈칸에 알맞은 것은?

그녀는 영화배우같이 보인다.
→ She looks _____ a movie star.

① for   ② to
③ as   ④ like
⑤ 필요 없음

17 빈칸에 공통으로 알맞은 것은?

• Can you get tickets _____ all of us?
• I will make sandwiches _____ my kids.

① to   ② of
③ for   ④ by
⑤ 필요 없음

18

① He showed me some pictures from his trip.

② Lisa got new clothes for her son.

③ The police asked me some questions.

④ Mr. Kim teaches Korean history for us.

⑤ We brought them Christmas presents.

⚠ **어려워요**

19

① They kept the room cleanly.

② My friends usually call me Liz.

③ We named our dog Amos.

④ I found him very energetic.

⑤ The book made her a world-famous writer.

⚠ **어려워요**

20

① He had his car washed yesterday.

② Brian always makes us laugh.

③ He let his brother use his laptop.

④ I listened to them to talk about Cindy.

⑤ She helped me to do my homework.

💬 서술형

21 다음 문장에서 어법상 어색한 부분을 찾아 바르게 고치시오.

Our teacher told us bring lunch.

_____ → _____

💬 서술형 ⭐ 자주 나와요

[22-23] 다음 4형식 문장을 3형식 문장으로 바꿔 쓰시오.

22

I will buy my dad a tie.

→ _____

23

My friend sent me a package.

→ _____

💬 서술형

24 우리말과 일치하도록 문장을 완성하시오.

Ms. Miller는 그가 그 제안을 받아들이도록 했다.

→ Ms. Miller got _____ _____ accept the offer.

💬 서술형

25 우리말과 일치하도록 ( ) 안의 단어를 이용하여 문장을 완성하시오.

그녀는 David가 수영장에서 수영하는 것을 지켜보았다.
(watch, swim)

→ She _____ in the pool.

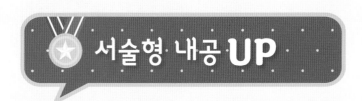

A

우리말과 일치하도록 주어진 단어를 바르게 배열하시오.

1 이 향수는 상쾌하고 달콤한 향기가 난다.

(sweet, this perfume, fresh, smells, and)

→ _____

2 우리는 공원에 음료수와 간식을 가져갔다.

(to, drinks and snacks, we, the park, brought)

→ _____

3 엄마가 내게 화장실을 청소하게 시키셨다.

(had, the bathroom, my mom, clean, me)

→ _____

B

우리말과 일치하도록 ( ) 안의 표현을 이용하여 문장을 완성하시오.

1 Mandy는 Ben에게 케이크를 만들어 주었다. (a cake)

→ Mandy _____ Ben.

2 그들은 한 아기가 큰 소리로 우는 것을 들었다.

(hear, cry)

→ They _____ loudly.

3 우리는 우리 이웃이 이사 나가는 것을 도와주었다.

(our neighbor, move out)

→ We _____ .

C

다음 문장을 보기와 같이 바꿔 쓰시오.

보기   We went inside. The guard allowed it.
　　　 → The guard allowed us to go inside.

1 I became a doctor. My parents wanted it.

→ My parents _____

a doctor.

2 He left for the airport early. I told him to do so.

→ I _____ early.

D

그림을 보고, 보기의 표현을 최대한 이용하여 Minsu가 동물원에서 한 일을 나타내는 문장을 완성하시오.

| 보기 | feed | a giraffe | a zookeeper |
| | a baby lion | some grass | |

1 He saw _____ .

2 He gave _____ .

E

다음 글의 밑줄 친 ⓐ~ⓓ 중 어법상 어색한 것 2개를 골라 바르게 고치시오.

I want to become a hair stylist. I like that job because it ⓐ looks so cool! So I sent an email ⓑ for Susan. She is a really successful hair stylist. She cuts people's hair very well. In the email, I asked ⓒ her many questions about the job. I hope she answers my email soon. It'll make me ⓓ happily.

_____ → _____

_____ → _____

바르게 쓰인 문장에는 **O**, 어색한 문장에는 **X**를 표시한 후, 어색한 부분을 바르게 고치시오.

접어서 풀어보세요.

주어+동사: 1형식

1 My brother works at a hospital.　( )

_____ → _____

▶ My brother works at a hospital.
1형식 문장은 주어와 동사만으로 문장이 성립되며, 수식어구가 붙기도 한다.

주어+동사+주격보어: 2형식

2 Rachel sounded very cheerfully.　( )

_____ → _____

▶ Rachel sounded very cheerful.
감각동사(sound, look, smell ...)는 뒤에 주격보어로 형용사가 온다.

주어+동사+목적어: 3형식

3 She painted to her bedroom by herself.　( )

_____ → _____

▶ She painted her bedroom by herself.
동사의 행위의 대상인 목적어는 동사 바로 뒤에 온다.

주어+동사+간접목적어+직접목적어: 4형식

4 We sent to our grandparents a present.　( )

_____ → _____

▶ We sent our grandparents a present.
수여동사(send, give, buy ...)는 뒤에 간접목적어와 직접목적어가 와서 4형식 문장을 이룬다.

주어+동사+목적어+수식어구: 3형식

5 His dad made a toy boat to him.　( )

_____ → _____

▶ His dad made a toy boat for him.
4형식 문장을 3형식 문장으로 전환할 때 make, buy, get 등의 동사는 간접목적어 앞에 for를 쓴다.

주어+동사+목적어+목적격보어: 5형식

6 I kept my hair short when I was a teenager.　( )

_____ → _____

▶ I kept my hair short when I was a teenager.
keep, find, believe, make 등의 동사는 뒤에 목적어와 목적격보어(형용사)가 와서 5형식 문장을 이룰 수 있다.

사역동사+목적어+목적격보어: 5형식

7 They let their daughter to go on a trip by herself.　( )

_____ → _____

▶ They let their daughter go on a trip by herself.
사역동사(let, make, have)는 목적격보어로 동사원형이 온다.

지각동사+목적어+목적격보어: 5형식

8 I heard a famous singer to sing.　( )

_____ → _____

▶ I heard a famous singer sing[singing].
지각동사(hear, see, feel ...)는 목적격보어로 동사원형 또는 현재분사가 온다.

Chapter

2

시제

🏅 UNIT 1 현재, 과거, 미래시제

🅐 현재시제

현재시제는 현재의 사실이나 상태, 변하지 않는 진리, 반복되는 일이나 습관을 나타낼 때 쓴다.

We **live** in a quiet neighborhood.
Hot air **is** lighter than cold air.
Jina **wakes** up at 7 o'clock every morning.

Check-up 보기의 단어를 이용하여 빈칸에 알맞은 말을 쓰시오.

보기	move	read	be

1 Suji _____ 165 cm tall now.

2 The moon _____ around the earth about once a month.

3 Many people _____ her fashion blog every day.

🅑 과거시제

과거시제는 이미 끝나버린 과거의 일이나 상태를 나타낼 때 쓴다.
I **memorized** 100 English words yesterday.[1]
Jason **lost** his new smartphone last week.

Check-up 우리말과 일치하도록 ( ) 안의 표현을 이용하여 문장을 완성하시오.

1 나는 며칠 전에 배탈이 났다. (have, a stomachache)
→ I _____ a few days ago.

2 과학자들은 새로운 행성을 발견했다. (discover, a new planet)
→ Scientists _____.

3 그녀는 자판기에서 콜라를 샀다. (buy, a coke)
→ She _____ at a vending machine.

🅒 미래시제

미래시제는 미래의 일을 예측하거나, 앞으로 일어날 일을 나타낼 때 쓴다.

1 will+동사원형: 미래에 대한 예측, 주어의 의지, 또는 말하는 도중에 즉흥적으로 결심한 일을 나타낸다.
My sister **will** graduate from high school next year.
I **will** take a yoga class to get healthy.
I'**ll** call you again in five minutes.

Words

light 가벼운   flight 항공편   take off 이륙하다   memorize 암기하다   stomachache 복통   discover 발견하다
planet 행성   vending machine 자판기   healthy 건강한

Grammar Tips

➕
현재시제는 확정된 미래의 일(공식 일정이나 시간표 등)을 나타낼 수도 있다.
The flight **takes off** at 11:30.

[1] 과거시제와 함께 자주 쓰이는 부사(구): ~ ago, last ~, yesterday, 「in+과거연도」 등

2 be going to+동사원형: 미래에 대한 예측, 또는 이미 정해진 미래의 계획을 나타낸다.

The sky is clear. It **is going to** be sunny all day. (→ It **will** be sunny all day.)
She **is going to** join the tennis club.

Check-up ( ) 안의 표현을 이용하여 문장을 바꿔 쓰시오.

1 The flight arrives in Jeju. (be going to, at 4 o'clock)
→ _____

2 They go to the bookstore. (will, tomorrow morning)
→ _____

3 I volunteer at a hospital. (be going to, during this vacation)
→ _____

Grammar Tips

➕

be going to의 의미 비교
• be going to+명사: ~로
가고 있다(현재진행시제)
I **am going to** *the bank*
now.
• be going to+동사원형:
~할 것이다(미래시제)
I **am going to** *bake*
cookies this afternoon.

Ⓓ 진행시제

진행시제는 특정 시점에 진행 중인 일을 나타낼 때 쓴다.

1 현재진행시제: be동사의 현재형(am/are/is)+v-ing (~하고 있다)
Let's take an umbrella. It **is raining** heavily now.

2 과거진행시제: be동사의 과거형(was/were)+v-ing (~하고 있었다)
When I came home, my father **was cooking** in the kitchen.

> *More Grammar* 진행형으로 쓸 수 없는 동사
>
> like, hate, want, know, have(가지다)[2], own 등과 같이 감정이나 지각, 소유 등을 나타내는 동사는
> 진행형으로 쓰지 않는다.
> She **is wanting** a new swimsuit. (x)   She **wants** a new swimsuit. (o)

➕

현재진행시제는 가까운
미래의 계획이나 최근
일어나고 있는 일을 나타낼
수도 있다.
- I **am leaving** *tomorrow*.
- She **is studying**
Spanish *these days*.

[2] have가 '먹다', '시간을
보내다' 등의 뜻일 때는
진행형으로 쓸 수 있다.
- He **is having** breakfast.
- We **are having** a great
time.

Check-up 우리말과 일치하도록 ( ) 안의 표현을 이용하여 문장을 완성하시오.

1 그녀는 대전으로 가는 표를 예매하고 있다. (book)
→ _____ a ticket for Daejeon.

2 그 소년은 운동장에서 공을 던지고 있었다. (the boy, throw)
→ _____ a ball in the playground.

3 우리는 고양이 두 마리를 가지고 있다. (have)
→ _____ two cats.

Words

volunteer 자원봉사하다   own 소유하다   swimsuit 수영복   book 예매하다   throw 던지다   playground 운동장

UNIT 2 현재완료시제

A 현재완료시제의 개념

현재완료는 「have/has+과거분사(v-ed)[1]」의 형태로, 과거에 일어난 일이 현재까지 영향을 미칠 때 쓴다.

I **have** already **done** my homework.
He **has lived** in this town for three years.[2]

1 현재완료의 부정문: have/has not v-ed

They **have not[haven't] finished** the project yet.
She **has not[hasn't] seen** the movie.

2 현재완료의 의문문: Have/Has+주어+v-ed ~?

Have you traveled to Egypt? — **Yes, I have. / No, I haven't.**
Has he returned the book? — **Yes, he has. / No, he hasn't.**

> *More Grammar* 과거시제 vs. 현재완료
> • 과거시제: 과거의 특정 시점에 일어난 일로 현재와의 연관성을 고려하지 않는다.
> I **played** the piano when I was a child.
> • 현재완료: 과거에 일어난 일이나 상태를 현재와 연관시켜 나타낸다.
> I **have played** the piano since I was a child.

have played

과거 ←———————————————————————→ 현재
played　　　　　　　　　　　　　　**play**
(*when I was a child*)　　　　　　　(*now*)

Check-up 밑줄 친 부분을 어법에 맞게 고치시오.

1 Tommy <u>has heard</u> the news yesterday.

2 Have you <u>study</u> Chinese?

3 I <u>didn't have</u> changed my clothes yet.

4 The girl has <u>keep</u> her diary for five years.

5 She <u>hasn't cooked</u> dinner last week.

Grammar Tips

[1] 과거분사는 주로 동사 뒤에 -(e)d를 붙여 만들지만, 불규칙하게 변하는 경우도 있다.
• 불규칙 변화
(동사원형 – 과거형 – 과거분사형)
be-was/were-been
do-did-done
see-saw-seen
swim-swam-swum
write-wrote-written
come-came-come
run-ran-run
send-sent-sent
tell-told-told
leave-left-left
put-put-put
cut-cut-cut

[2] 현재완료는 과거의 특정 시점을 나타내는 말(yesterday, ago, last 등)과 함께 쓰지 않는다.
→ He **has lived** in this town *three years ago*. (x)

Words

already 이미　yet 아직　Egypt 이집트　return 돌려주다　Chinese 중국어　clothes 옷
keep a diary 일기를 쓰다

24

B 현재완료시제의 용법

1 완료(막 ~했다): 과거에 시작된 일이 방금 전에, 또는 지금 막 완료되었음을 나타낸다.
already, just, yet 등과 자주 쓰인다.
I **have** *already* **read** the magazine.
She **hasn't sent** a reply *yet*.

2 경험(~한 적이 있다): 과거부터 현재까지의 경험을 나타낸다. ever, never, before, once
등과 자주 쓰인다.
Stella **has** *never* **missed** a class.
Have you **eaten** Mexican food *before*?

3 계속(지금까지 계속 ~해왔다): 과거에 시작된 일이 현재까지 계속되고 있음을 나타낸다.
since, for[3] 등과 자주 쓰인다.
Brian **has been** in Seoul *since* last month.
I **have known** her *for* a long time.

4 결과(~해버렸다(그 결과 지금은 …하다)): 과거에 일어난 일의 결과가 현재까지 영향을 미침을
나타낸다.
She **has lost** her earrings. (She doesn't have them now.)
I **have forgotten** your home address. (I don't know your home address now.)

Grammar Tips

[3] since와 for
• since+시점: ~ (시점)
이래로
• for+기간: ~ (기간) 동안

More Grammar have been to vs. have gone to

• have been to: ~에 가본 적이 있다(경험)
He **has been to** New Zealand.
• have gone to: ~에 가버렸다(그 결과 여기에 없다)(결과)
He **has gone to** New Zealand. (He is not here now.)

Check-up 우리말과 일치하도록 ( ) 안의 단어를 이용하여 문장을 완성하시오.

1 나는 그녀에게 아직 문자 메시지를 보내지 않았어. (send)
→ I ＿＿＿＿＿＿ ＿＿＿＿＿＿ her a text message yet.

2 너는 일본에 가본 적이 있니? (be)
→ ＿＿＿＿＿ ＿＿＿＿＿＿ ＿＿＿＿＿ ＿＿＿＿ Japan?

3 그들은 작년부터 이 집에 살아왔다. (live)
→ They ＿＿＿＿＿ ＿＿＿＿＿ in this house since last year.

4 오빠는 그의 기타를 팔아버려서, 지금은 기타를 가지고 있지 않다. (sell)
→ My brother ＿＿＿＿＿ ＿＿＿＿＿ his guitar, so he doesn't have one
now.

Words
magazine 잡지 miss (수업에) 결석하다 Mexican 멕시코의 New Zealand 뉴질랜드
text message 문자 메시지

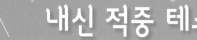

[01-04] 빈칸에 알맞은 것을 고르시오.

01

I _____ Joan at school a couple of days ago.

① see   ② saw

③ have seen   ④ am seeing

⑤ will see

02

Have you _____ to any classical concerts recently?

① were   ② are

③ been   ④ go

⑤ went

03

When you called, we _____ watching a movie.

① are   ② was

③ were   ④ will be

⑤ are going to

04

Jinho _____ his own room now.

① have   ② is having

③ has   ④ are having

⑤ has had

💬 서술형

[05-06] 밑줄 친 부분을 바르게 고치시오.

05

The teacher will be going to give the students advice.

→ _____

06

He leaves for New York with his family last Sunday.

→ _____

⭐ 자주 나와요

07 밑줄 친 부분의 의미가 다른 하나는?

① We are going to the beach right now.

② Sandra is going to buy a new car.

③ I am going to have a job interview tomorrow.

④ The students are going to visit a museum.

⑤ Mr. Lee is going to attend the meeting.

💬 서술형

[08-10] 우리말과 일치하도록 문장을 완성하시오.

08

그 아기는 장난감을 가지고 놀고 있다.

→ The baby _____ _____ with the toys.

09

우리 팀은 한 경기도 이겨본 적이 없다.

→ My team _____ _____ a single game.

10

Sandra와 John은 여기에 없어요. 그들은 휴가로 하와이에 갔어요.

→ Sandra and John are not here. They _____ _____ _____ Hawaii on vacation.

⚠ 어려워요

11 밑줄 친 부분이 어법상 올바른 것은?

① Bob isn't at home last night.

② I was having dinner now.

③ The movie starts at 6 o'clock.

④ He stayed at his uncle's house next vacation.

⑤ I have forgotten to call Mike yesterday.

[12-13] 밑줄 친 부분이 어법상 어색한 것을 고르시오.

12

① He always eats cereal for breakfast.

② There are 365 days in a year.

③ We take a walk for an hour after dinner.

④ I graduate from elementary school last year.

⑤ She often talks for a long time on the phone.

13

① We weren't able to get a refund.

② It rained a lot until next week.

③ Many people came to welcome the star.

④ He kept asking for my phone number.

⑤ They complained about the service this morning.

⭐ 자주 나와요

[14-15] 빈칸에 알맞은 말이 바르게 짝지어진 것을 고르시오.

14

• I _____ my watch at the mall yesterday.

• We _____ in Sydney since 2010.

① have lost – live

② have lost – lived

③ have lost – have lived

④ lost – lived

⑤ lost – have lived

15

• The earth _____ around the sun.

• She _____ in Paris a week from today.

① went – arrived

② went – will arrive

③ goes – arrived

④ goes – arriving

⑤ goes – will arrive

16 다음 질문에 대한 대답으로 알맞은 것은?

Have your parents come back from their trip?

① Yes, you did.　② Yes, you have.

③ Yes, they did.　④ No, they didn't.

⑤ No, they haven't.

17 우리말을 영어로 바르게 옮긴 것은?

James는 방금 이메일을 하나 받았다.

① James already received an e-mail.

② James is receiving an e-mail.

③ James will receive an e-mail.

④ James has just received an e-mail.

⑤ James is going to receive an e-mail.

18

① The repairman was fixing our TV.
② Jason will buy us lunch today.
③ The reporters are waiting for them.
④ My sister is owning a cell phone.
⑤ They are going to take a long vacation.

19

① Someone's phone was ringing now.
② I have just baked bread for you.
③ I'm sure you will pass the exam tomorrow.
④ I usually take a shower in the morning.
⑤ Mia is going to transfer to another school soon.

💬 서술형

20 다음 문장을 현재완료시제로 바꿔 쓰시오.

I didn't make any mistakes.
→ _____ any mistakes.

💬 서술형

[21-22] ( ) 안의 단어를 이용하여 빈칸에 알맞은 말을 쓰시오.

21

The street _____ _____ crowded tomorrow night. (be)

22

He _____ _____ poor people for many years and still does today. (help)

[23-24] 밑줄 친 부분의 쓰임이 다른 하나를 고르시오.

⭐ 자주 나와요
23

① They have studied English for seven years.
② She has worked for that company since 2010.
③ We have been to Singapore before.
④ It has been very cold since last week.
⑤ I have played tennis since I was in middle school.

⚠️ 어려워요
24

① They're taking a test tomorrow.
② We're leaving in the evening.
③ Emma is living in the countryside.
④ My mom is coming in an hour.
⑤ I'm calling Amy in a few minutes.

⚠️ 어려워요
25 보기의 밑줄 친 부분과 쓰임이 같은 것은?

보기 | I have swum in the sea before.

① We have already signed up for the class.
② She has gone to the market.
③ Have you ever fought with your best friend?
④ I haven't finished reading the novel yet.
⑤ They have been friends for many years.

A

우리말과 일치하도록 주어진 단어를 바르게 배열하시오.

1 그는 과학 고등학교에 갈 것이다.
  (to, he, go, a science high school, going, is, to)
  → _____

2 그녀는 하루 종일 게임을 하고 있었다.
  (was, games, she, all day long, playing)
  → _____

3 그들은 작년 이래로 많은 돈을 벌어왔다.
  (made, since, they, a lot of, last year, have, money)
  → _____

B

우리말과 일치하도록 ( ) 안의 표현을 이용하여 문장을 완성하시오.

1 나는 체중을 줄이려고 자주 저녁을 거른다. (skip)
  → I often _____ to lose weight.

2 내 컴퓨터가 3일 전에 고장 났다. (break down, ago)
  → My computer _____.

3 그녀가 자신의 상황에 대해 불평한 적이 있나요?
  (ever, complain)
  → _____ about her situation?

C

보기의 표현과 will을 이용하여 앞으로의 계획을 나타내는 문장을 완성하시오.

보기	study hard	save money
	go to bed early	

1 I overslept and was late for school yesterday.
  → I _____ tonight.

2 I got a low score in the math test.
  → I _____ for the next test.

3 I wasted money last month.
  → I _____ this month.

D

그림을 보고 보기의 단어와 현재완료시제를 이용하여 문장을 완성하시오. (단어를 중복하여 쓸 수 있음)

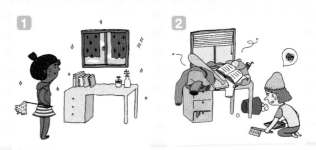

보기	yet	just	finish

1 She _____ _____ _____
  cleaning her room.

2 He _____ _____ cleaning his room
  _____ .

E

다음 Mike가 쓴 글을 읽고, 본문에 나온 표현을 이용하여 질문에 대한 답을 쓰시오.

It is Sunday afternoon. I'm at home with my parents. They are watching a movie on TV. But I'm not watching it because I have watched it before. I'm going to take a nap.

1 Q : What are Mike's parents doing?
  A : _____

2 Q : Why isn't Mike watching the movie?
  A : Because _____ .

3 Q : What is he going to do?
  A : _____

바르게 쓰인 문장에는 **O**, 어색한 문장에는 **X**를 표시한 후, 어색한 부분을 바르게 고치시오.

접어서 풀어보세요.

현재시제

1 More than 10 million people lived in Seoul now. ( )

_____ → _____

▶ More than 10 million people live in Seoul now.
현재의 사실이나 상태를 나타낼 때는 현재시제를 쓴다.

과거시제

2 He fall down and got hurt last Wednesday. ( )

_____ → _____

▶ He fell down and got hurt last Wednesday.
과거의 일을 나타낼 때는 과거시제를 쓴다.

미래시제

3 We will going to invite our relatives to our housewarming party. ( )

_____ → _____

▶ We will[are going to] invite our relatives to our housewarming party.
미래에 일어날 일을 나타낼 때는 will 또는 be going to를 쓴다.

진행시제

4 They are wanting to go home early. ( )

_____ → _____

▶ They want to go home early.
want, like, know, have 등과 같이 감정이나, 지각, 소유 등을 나타내는 동사는 진행형으로 쓸 수 없다.

현재완료시제

5 I have just turned on the heater. ( )

_____ → _____

▶ I have just turned on the heater.
과거에 시작된 일이 방금 전에 또는 지금 막 완료되었음을 나타낼 때는 현재완료시제(have/has v-ed)를 쓴다.

현재완료시제

6 They know each other since they were kids. ( )

_____ → _____

▶ They have known each other since they were kids.
과거에 시작된 일이 현재까지 계속되고 있을 때는 현재완료시제(have/has v-ed)를 쓴다.

현재완료시제(부정문)

7 She didn't have met a foreigner before. ( )

_____ → _____

▶ She has not[hasn't] met a foreigner before.
현재완료시제의 부정형은 have/has not v-ed 또는 축약해서 haven't/hasn't v-ed이다.

현재완료시제(의문문)

8 Have he paid back the money yet? ( )

_____ → _____

▶ Has he paid back the money yet?
현재완료시제는 주어가 3인칭 단수일 경우 has v-ed의 형태로 쓴다.

Chapter

3

to부정사, 동명사, 분사

🏅 UNIT 1 to부정사

to부정사는 「to+동사원형」의 형태로 문장에서 명사, 형용사, 부사 역할을 한다.

A 명사적 용법

to부정사가 명사처럼 주어, 목적어, 보어 역할을 한다.

1 주어 역할: ~하는 것은[이]

It is fun **to take** a walk with my dog.[1]
(← **To take** a walk with my dog is fun.)

2 목적어 역할: ~하는 것을

We expect **to arrive** at 10 a.m.
He promised *not* **to** tell a lie.[2]

3 보어 역할: ~하는 것(이다)

Her job is **to teach** students English.
My goal is **to become** a baseball player.

4 의문사+to부정사

what to-v(무엇을 ~할지), who(m) to-v(누구를 ~할지), when to-v(언제 ~할지),
where to-v(어디서 ~할지), how to-v(어떻게 ~할지)
We discussed **where to go** on a picnic.[3]
Can you tell me **how to get** to the nearest subway station?

More Grammar   to부정사의 의미상 주어

to부정사의 행위의 주체가 문장의 주어 또는 목적어와 일치하지 않을 때 to부정사 앞에 의미상 주어를 쓴다.

• for+목적격: 의미상 주어는 보통 「for+목적격」으로 쓴다.
The food was too spicy **for me** *to eat*.

• of+목적격: 사람의 성격·태도 등을 나타내는 형용사(kind, silly, nice, careless, foolish ...)가 앞에 쓰이면 의미상 주어는 「of+목적격」으로 쓴다.
It was *careless* **of him** *to spill* juice on my book.

Check-up   ( ) 안의 표현과 to부정사를 이용하여 빈칸에 알맞은 말을 쓰시오.

1 It's very hot. I _____ to the beach. (want, go)

2 It is foolish _____ for school every day. (Dan, be late)

3 When did you learn _____ a car? (how, drive)

4 Mina decided _____ to Sara again. (not, talk)

Words

take a walk 산책하다   promise 약속하다   discuss 논의하다   near 가까운   spicy 매운, 자극적인
careless 부주의한   foolish 어리석은, 바보 같은   spill 엎지르다

Grammar Tips

[1] to부정사가 주어로 쓰이면 보통 주어 자리에 it(가주어)을 쓰고 to부정사(진주어)는 뒤로 보내 It ~ to-v의 형태로 쓴다.

[2] to부정사의 부정은 to부정사 앞에 not이나 never를 쓴다.

[3] 「의문문+to부정사」는 보통 「의문사+주어+should+동사원형」으로 바꿔 쓸 수 있다.
→ We discussed **where we should go** on a picnic.

B 형용사적 용법

to부정사가 '~할', '~하는'의 의미로 앞에 있는 명사나 대명사를 수식하는 형용사 역할을 한다.

I have *an essay* **to write**.
Jason ordered *something cool* **to drink**.[4]

More Grammar

to부정사의 수식을 받는 명사가 to부정사 뒤에 이어지는 전치사의 목적어인 경우, 전치사를 생략하면 안 된다.
I'm looking for *someone* **to study with**. (← study **with** someone)

Grammar Tips

[4] -thing, -one, -body로 끝나는 대명사를 형용사와 to부정사가 같이 수식할 경우 「-thing/-one/-body+ 형용사+to-v」의 어순으로 쓴다.

Check-up 보기의 단어를 이용하여 빈칸에 알맞은 말을 쓰시오. (필요시 전치사도 쓸 것)

보기	finish	give	sit

1 I have something _____ you.

2 Because there were few chairs _____, people were standing.

3 We don't have enough time _____ the report.

C 부사적 용법

to부정사가 동사, 형용사, 부사 등을 수식하는 부사 역할을 한다.

Take the bus **to get** there early.[5] 목적: ~하기 위해
Sue was happy **to pass** the test. 감정의 원인: ~해서
Tom grew up **to be** a famous movie director. 결과: (…해서) ~하다
She must be brave **to go** there by herself. 판단의 근거: ~하다니
You would be surprised **to hear** Kate speak Korean. 조건: ~한다면
English is not easy **to learn**. 형용사 수식: ~하기에

[5] to 대신 in order to를 사용하여 목적의 의미를 더 명확히 드러낼 수 있다.
→ Take the bus **in order to get** there early.

More Grammar

• too ~ to-v: …하기에 너무 ~하다, 너무 ~해서 …할 수 없다 (= so ~ that+주어+can't ...)
He is **too** sick **to** go to work today.
→ He is **so** sick **that** he **can't** go to work today.

• ~ enough to-v: …할 만큼 충분히 ~하다 (= so ~ that+주어+can ...)
He is good **enough to** be a professional soccer player.
→ He is **so** good **that** he **can** be a professional soccer player.

Check-up 밑줄 친 부분에 유의하여 문장을 해석하시오.

1 I was glad <u>to see</u> him again in Paris.

2 Ellen is <u>tall enough to dunk</u> a basketball.

Words

order 주문하다   look for ~을 찾다   director 감독   brave 용감한   by oneself 혼자서   surprised 놀란
professional (스포츠에서) 프로의   dunk 덩크슛하다

🥇 UNIT 2 동명사와 분사

Ⓐ 동명사의 쓰임

동명사는 「동사원형 + -ing」의 형태로 명사처럼 주어, 목적어, 보어 역할을 한다.

Making new friends is exciting. 주어: ~하는 것은
Would you mind *not* **smoking** here?[1] 목적어: ~하는 것을
My favorite activity is **taking** pictures. 보어: ~하는 것(이다)

More Grammar 자주 쓰이는 동명사 표현

go v-ing: ~하러 가다   feel like v-ing: ~하고 싶다
on v-ing: ~하자마자   be busy v-ing: ~하느라 바쁘다
keep (on) v-ing: 계속해서 ~하다   It is no use v-ing: ~해도 소용없다
be worth v-ing: ~할 가치가 있다   can't help v-ing: ~하지 않을 수 없다

Check-up 밑줄 친 부분을 어법에 맞게 고치고, 문장을 해석하시오.

1 His job is <u>design</u> shoes.

2 My father enjoys <u>go</u> fishing.

3 Ken felt like <u>to take</u> a nap.

4 It is no use <u>blame</u> other people.

Ⓑ 동명사와 to부정사

1 동명사만을 목적어로 취하는 동사: mind, enjoy, finish, avoid, quit, keep, give up 등
   Cindy *enjoys* **watching** sitcoms.

2 to부정사만을 목적어로 취하는 동사: hope, want, decide, plan, expect, promise 등
   My sister *wants* **to get** a good score on her exam.

3 동명사와 to부정사를 모두 목적어로 취하는 동사
   • 의미 차이가 없는 경우: like, love, hate, begin, start 등
   Ted *loves* **cooking**.   Ted *loves* **to cook**.
   • 의미 차이가 있는 경우: remember, forget, try 등
   ① remember v-ing: (과거에) ~했던 것을 기억하다 / remember to-v: (미래에) ~할 것을 기억하다
   I **remember reading** that book when I was a kid.
   Remember to take out the trash when you go out.

Words

activity 활동   be good at ~을 잘하다   ping pong 탁구   take a nap 낮잠 자다   blame 탓하다   avoid 피하다
quit 그만두다   take out the trash 쓰레기를 내다 버리다

34

Grammar Tips

[1] 동명사의 부정은 동명사 앞에 not을 쓴다.

➕
전치사의 목적어
She is good *at* **playing** ping pong.

➕
stop v-ing vs. stop to-v
- Please **stop looking** at your cell phone. (~하는 것을 멈추다)
- Sharon **stopped to tie** her shoes. (~하기 위해 멈추다)

② forget v-ing: (과거에) ~했던 것을 잊다 / forget to-v: (미래에) ~할 것을 잊다

He will never **forget going** to the concert with her.

Yuri **forgot to do** her homework.

③ try v-ing: (시험 삼아) ~해보다 / try to-v: ~하려고 노력하다

We **tried making** chicken curry, but we burned it.

My cousin **tried to learn** Spanish, but it was too hard.

Check-up   ( ) 안의 단어를 이용하여 빈칸에 알맞은 말을 쓰시오.

1 You should avoid _____ salty foods. (eat)

2 She promised not _____ her money. (waste)

3 Brian remembers _____ you last year. (meet)

C 분사의 쓰임과 의미

1 분사는 v-ing/v-ed의 형태로 형용사처럼 명사를 수식하거나 주어, 목적어를 보충 설명하는
   보어로 쓰인다.

John told me an **interesting** *story*.   명사 수식[2]

Patty was **worried** about her exam.   주어 보충 설명

I found *the child* **sitting** by himself.   목적어 보충 설명

2 현재분사와 과거분사

  • 현재분사(v-ing): ~하는(능동), ~하고 있는(진행)

I heard some **shocking**[3] news.   Look at the **sleeping** baby.

  • 과거분사(v-ed): ~된(수동), ~해진(완료)

The audience became **bored**.   Can you fix this **broken** printer?

More Grammar   현재분사 vs. 동명사

• He is **reading** books. 현재분사 (He ≠ reading books)
  One of my hobbies is **reading** books. 동명사 (One of my hobbies = reading books)
• a **running** boy 현재분사 (← a boy who is running)
  running shoes 동명사 (← shoes for running)

Check-up   밑줄 친 부분에 유의하여 문장을 해석하시오.

1 My homework is to read a book <u>written in English</u>.

2 He sat <u>thinking about his mistakes</u>.

3 Mike found his <u>stolen bicycle</u>.

Words
burn 태우다   salty 짠   waste 낭비하다   Germany 독일   audience 청중, 관객   broken 고장 난

Grammar Tips

[2] 일반적으로 분사는
형용사처럼 명사 앞에서
수식하지만 수식어구가 함께
쓰여 길어진 경우에는 명사를
뒤에서 수식한다.
She gave me *some*
chocolate **made** in
Germany.

[3] 감정을 나타내는 분사:
'~한 감정을 일으키는'이라는
능동의 뜻일 때는 현재분사,
'~한 감정을 느끼게
되는'이라는 수동의 뜻일
때는 과거분사를 쓴다.
• shocking 충격적인
  shocked 충격 받은
• boring 지루한
  bored 지루해하는
• interesting 흥미로운
  interested 흥미를 느낀
• surprising 놀라운
  surprised 놀란
• exciting 흥분시키는
  excited 흥분한

[01-05] 빈칸에 알맞은 것을 고르시오.

01

> It was fun _____ the baseball game.

① watch
② watched
③ to watching
④ to watch
⑤ for watching

02

> He is busy _____ his homework.

① do
② done
③ for do
④ to doing
⑤ doing

03

> I need a pen to write _____.

① for
② to
③ on
④ with
⑤ in

★ 자주 나와요
04

> It was very thoughtful _____ to send me a thank-you card.

① she
② her
③ for her
④ of she
⑤ of her

05

> Would you mind _____ down the volume?

① turn
② to turn
③ turning
④ to turning
⑤ by turning

💬 서술형
[06-07] 우리말과 일치하도록 ( ) 안의 단어를 이용하여 문장을 완성하시오.

06

> 나는 내일 수업을 위해 무엇을 준비할지 모르겠다.
> (prepare)
> → I don't know _____ _____ _____ for tomorrow's class.

07

> 그 프로젝트는 그가 혼자서 하기에 너무 크다. (do)
> → The project is too big _____ _____ _____ _____ by himself.

[08-10] 밑줄 친 부분의 쓰임이 <u>다른</u> 하나를 고르시오.

08

① We hoped <u>to see</u> the top stars in person.
② Our plan is <u>to read</u> one book a week.
③ Some people don't have any place <u>to live</u>.
④ My parents promised <u>to buy</u> me a bike.
⑤ It isn't possible <u>to clean</u> the house in an hour.

⚠ 어려워요
09

① Mijin grew up <u>to become</u> a writer.
② I would be happy <u>to take</u> a photo with you.
③ The pool isn't deep enough <u>to dive</u> into.
④ She is planning <u>to move</u> to another city.
⑤ We stopped by the grocery store <u>to buy</u> eggs.

10

① That <u>sleeping</u> dog is really cute.

② <u>Learning</u> Japanese is not very difficult.

③ The girls are <u>playing</u> with their dolls.

④ Why is that man <u>yelling</u> at her?

⑤ She had <u>exciting</u> experiences when she studied abroad.

⭐ 자주 나와요

11 보기의 밑줄 친 부분과 쓰임이 같은 것은?

> 보기   I know a good restaurant <u>to go</u> to for dinner.

① Do you have anything <u>to ask</u> me?

② I bought flowers in order <u>to decorate</u> my room.

③ It is hard <u>to explain</u> my feelings to you.

④ Did you decide <u>to buy</u> a new phone?

⑤ She must be smart <u>to memorize</u> all the new words.

💬 서술형

[12-13] 우리말과 일치하도록 주어진 단어를 바르게 배열하여 문장을 다시 쓰시오.

12

> 밤에 먹을 간단한 것을 사자.
> Let's buy (to, light, eat, something) at night.
> → _____

⭐ 자주 나와요

13

> Amy는 그 놀이기구들을 탈 만한 충분한 나이가 돼요.
> Amy is (enough, go, old, to) on the rides.
> → _____

[14-15] 빈칸에 알맞지 <u>않은</u> 것을 고르시오.

14

> We _____ going to school together.

① enjoyed   ② avoided

③ began   ④ stopped

⑤ decided

15

> Andy _____ to call his parents on weekends.

① liked   ② kept

③ hated   ④ started

⑤ forgot

[16-19] 우리말과 일치하도록 할 때 빈칸에 알맞은 것을 고르시오.

16

> 나는 그에게 그 돈을 갚았던 것을 기억한다.
> → I remember _____ the money back to him.

① pay   ② paid

③ paying   ④ to pay

⑤ to paying

17

> 우리는 콘서트에 최대한 일찍 가려고 노력했다.
> → We tried _____ to the concert as early as possible.

① go   ② to go

③ to going   ④ on going

⑤ being gone

18

나는 그의 농담에 웃지 않을 수가 없어.
→ I can't help _____ at his jokes.

① laugh
② to laugh
③ laughing
④ at laughing
⑤ of laughing

19

우리는 14세기에 지어진 한 성을 방문했다.
→ We visited a castle _____ in the 14th century.

① build
② to build
③ building
④ be built
⑤ built

💬 서술형

[20-21] 우리말과 일치하도록 밑줄 친 부분을 바르게 고치시오.

20

나는 오늘 중국 음식을 먹고 싶지 않아.
→ I not feel like to eat Chinese food today.

→ _____

21

나는 가족들과 인도로 여행했던 것을 결코 잊지 않을 것이다.
→ I'll never forget travel to India with my family.

→ _____

⭐ 자주 나와요

[22-23] 빈칸에 알맞은 말이 바르게 짝지어진 것을 고르시오.

22

The game was _____ to me, but Sam seemed _____ in it.

① bored – interested
② bored – interesting
③ boring – interesting
④ boring – interested
⑤ bored – to interest

23

I was very _____ to hear the _____ news.

① surprise – excited
② surprised – excited
③ surprised – exciting
④ surprising – excited
⑤ surprising – exciting

[24-25] 어법상 올바른 것을 고르시오.

24

① Study for tests is not fun at all.
② He apologized for being not on time.
③ They love to eating Mexican food.
④ On arrive in Seoul, I called my mom.
⑤ My father's pastime is playing golf.

⚠ 어려워요

25

① I didn't expect meeting you here.
② My dad quit to smoke five years ago.
③ The band began to play pop music.
④ They finished to practice yoga.
⑤ Please let me know when getting off the bus.

A

우리말과 일치하도록 주어진 단어를 바르게 배열하시오.

1 우리는 우리 집을 갖게 되어 기뻤다.
(glad, our own house, we, have, were, to)
→ _____

2 그 식당은 50명의 사람들을 수용할 만큼 충분히 크다.
(hold, large, the restaurant, to, 50 people, enough, is)
→ _____

3 무대에서 춤추는 소년이 내 사촌이다.
(the stage, my cousin, on, the boy, is, dancing)
→ _____

B

우리말과 일치하도록 ( ) 안의 표현을 이용하여 문장을 완성하시오.

1 너는 어두운 곳에서 책 읽는 것을 멈춰야 한다.
(stop, read books)
→ You should _____ in low light.

2 우리 오빠는 사진을 잘 찍는다.
(be good at, take pictures)
→ My brother _____.

3 그가 내 무거운 가방을 들어준 건 아주 친절했다.
(nice, carry)
→ It was very _____ my heavy bag.

C

( ) 안의 표현을 이용하여 밑줄 친 부분을 바꿔 쓰시오.

1 I don't know where to put these boxes.
→ I don't know _____ these boxes. (should)

2 It is too hot to play basketball outside.
→ It is _____ we _____ basketball outside. (so ~ that ...)

D

다음 대화를 읽고, ( ) 안의 표현과 to부정사 또는 동명사를 이용하여 문장을 완성하시오.

Teacher   Carrie

1 Teacher: You're late again, Carrie.
Carrie: I'm sorry. It won't happen again.
→ Carrie promised _____ again. (be late)

2 Lucy: It's too hot. Do you want a soft drink?
Tony: No, thanks. I don't drink soft drinks, because they're unhealthy.
→ Tony avoids _____, because they're unhealthy. (drink)

E

다음 글의 밑줄 친 ⓐ~ⓓ를 바르게 고치시오.

Many people wonder ⓐ how help people in need. Actually, there are many ways ⓑ helping them. ⓒ Donate money is one way. You can donate your talent too. For example, you can teach children in need or visit elderly people and do their chores. Someday, you may really enjoy ⓓ to help others.

ⓐ → _____   ⓑ → _____
ⓒ → _____   ⓓ → _____

바르게 쓰인 문장에는 **O**, 어색한 문장에는 **X**를 표시한 후, 어색한 부분을 바르게 고치시오.

접어서 풀어보세요.

to부정사의 의미상 주어

1 It was silly for you to do such a thing. ( )

_____ → _____

▸ It was **silly of you** to do such a thing.
사람의 성격이나 태도 등을 나타내는 형용사가 앞에 쓰이면 to부정사의 의미상 주어는 「of+목적격」으로 쓴다.

to부정사의 형용사적 용법

2 The girl has a lot of toys to play. ( )

_____ → _____

▸ The girl has a lot of toys to **play with**.
to부정사의 수식을 받는 명사가 to부정사 뒤에 이어지는 전치사의 목적어인 경우 to부정사 뒤에 전치사를 써야 한다.

to부정사의 부사적 용법

3 The room is too small for three people to ( ) sleep in.

_____ → _____

▸ The room is **too** small for three people **to** sleep in.
too ~ to-v는 '…하기에 너무 ~하다, 너무 ~해서 …할 수 없다'의 의미이다.

동명사의 쓰임

4 Get enough sleep is necessary for ( ) children.

_____ → _____

▸ **Getting** enough sleep is necessary for children.
동명사(v-ing)는 명사처럼 주어 역할을 할 수 있다. to부정사도 주어 역할을 할 수 있으나 보통 It ~ to-v의 형태로 쓴다.

동명사와 to부정사

5 They kept to complain about the service. ( )

_____ → _____

▸ They **kept complaining** about the service.
keep은 동명사를 목적어로 취한다.

동명사와 to부정사

6 I planned going to the beach on Sunday. ( )

_____ → _____

▸ I **planned to go** to the beach on Sunday.
plan은 to부정사를 목적어로 취한다.

분사의 쓰임과 의미

7 I know the girl worn the blue dress. ( )

_____ → _____

▸ I know the girl **wearing** the blue dress.
능동·진행의 의미는 현재분사로 나타낸다.

분사의 쓰임과 의미

8 I was embarrassing to sing in front of so ( ) many people.

_____ → _____

▸ I was **embarrassed** to sing in front of so many people.
감정을 나타내는 분사가 '~한 감정을 일으키는'의 뜻일 때는 현재분사, '~한 감정을 느끼게 되는'의 뜻일 때는 과거분사를 쓴다.

Chapter

4

조동사

UNIT 1 조동사 1

조동사는 동사 앞에 쓰여 동사에 가능, 추측, 미래, 의무 등의 의미를 더해준다.

A 조동사의 특징

1 조동사는 주어의 인칭이나 수에 따라 형태가 변하지 않는다.

It **will** be sunny tomorrow. (It *wills* be sunny tomorrow. (x))

2 조동사 뒤에는 항상 동사원형을 쓴다.

Jisu **can** *ride* her bike very fast. (Jisu can *rides* her bike very fast. (x))

3 두 개 이상의 조동사를 연달아 쓸 수 없다.

You **will be able to** win the race. (You *will can* win the race. (x))

Check-up 밑줄 친 부분을 어법에 맞게 고치시오.

1 They will must attend summer camp.

2 She can solves this puzzle easily.

B can

1 ~할 수 있다(능력) (= be able to)

I **can** remember her face, but I **cannot[can't]** remember her name.

(→ I**'m able to** remember her face, but I**'m not able to** remember her name.)

Can you cook Italian food? (→ **Are** you **able to** cook Italian food?)

He **could[was able to]**[1] run fast.   We **will be able to**[2] deliver it tomorrow.

2 ~해도 된다(허가)

You **can** go home anytime.   **Can** I change the TV channel?

3 ~해 주시겠어요?(요청)

Can[Could[3]**]** you tell me the nearest bus station?

Check-up 우리말과 일치하도록 ( ) 안의 표현을 이용하여 문장을 완성하시오.

1 Mr. Fogg는 80일 안에 전 세계를 여행할 수 있었다. (travel)

→ Mr. Fogg _____ around the world in 80 days.

2 지금 퇴원하실 수 없습니다. (leave)

→ You _____ the hospital now.

3 내일 아침 저에게 모닝콜을 해주시겠어요? (give)

→ _____ me a wake-up call tomorrow morning?

4 당신은 3시에 체크인할 수 있을 것입니다. (check in)

→ You _____ at 3 p.m.

Grammar Tips

[1-2] 능력을 나타내는 can의 과거는 could(= was/were able to), 미래는 will be able to로 나타낸다.

[3] 요청을 나타낼 때 could를 쓰면 can보다 좀 더 정중한 표현이 된다.

Words

attend 참가하다   deliver 배달하다   anytime 언제든지   channel 채널   wake-up call 모닝콜
check in (호텔 등에서) 체크인하다, 투숙 수속을 밟다

C may

1 ~해도 된다(허가)[4]

You **may** use my phone for a while.

You **may not** touch the paintings.

May I talk to you about something?

2 ~일지도 모른다(불확실한 추측)

The actress **may** visit Korea soon.

It **may not** rain this weekend.

This question **might**[5] be difficult for students.

Grammar Tips

[4] 허가를 나타낼 때 may를 쓰면 can보다 좀 더 정중한 표현이 된다.

[5] might은 may보다 좀 더 불확실한 추측을 나타낸다.

Check-up 보기의 단어와 may 또는 may not을 이용하여 빈칸에 알맞은 말을 쓰시오.

보기	go	watch	fail	eat

1 _____ I _____ shopping today? I need new shoes.

2 You _____ any more ice cream. You will have a stomachache.

3 Kevin _____ the baseball game. He doesn't like baseball.

4 My sister _____ the exam, but she will do her best.

D will

[6] 요청을 나타낼 때 would를 쓰면 will보다 좀 더 정중한 표현이 된다.

1 ~할 것이다(예정, 의지)

My cousin **will** enter elementary school next year.

The kids **will** take a nap, but I **will not**[won't].

Will you go on a picnic tomorrow?

2 ~해 주시겠어요?(요청)

Will[**Would**[6]] you bring me a cup of water?

Check-up ( ) 안의 표현과 will, won't, would를 이용하여 빈칸에 알맞은 말을 쓰시오.

1 My brother is 19 years old now. He _____ 20 next year. (be)

2 Fred _____ his promise. You can trust him. (break)

3 _____ you _____ me the salt, please? (pass)

4 I _____ any clothes from this store. They are too expensive. (buy)

5 I _____ you in front of the library. Let's have dinner together.
(wait for)

Words

for a while 한동안   fail (시험에) 떨어지다   do one's best 최선을 다하다   elementary school 초등학교
break one's promise 약속을 어기다   trust 신뢰하다   pass 건네주다

🏅 UNIT 2 조동사 2

Ⓐ must

1 ~해야 한다(강한 의무)
You **must** submit your homework by Friday.
You **must not**[**mustn't**] fight with your sister.

2 ~임이 틀림없다(강한 추측)
That man speaks Japanese very well. He **must** be Japanese.
She ate five pieces of pizza. She **can't**[1] still be hungry.

Check-up   ( ) 안의 단어와 must, must not, can't를 한 번씩만 이용하여 빈칸에 알맞은 말을 쓰시오.

1 Miranda is in London now. That person _____ her. (be)

2 You _____ on tests. That's very bad behavior. (cheat)

3 Ian is a tour guide. He _____ some good places for us to visit.
   (know)

Ⓑ have to ~해야 한다(강한 의무) (= must)

You **have to**[**must**] stay indoors.
I **don't have to**[2] go to the bank.
Does she **have to** change her password?
We **had to**[3] get up early yesterday.
He **will have to**[4] wait for two hours.

Check-up   우리말과 일치하도록 ( ) 안의 단어와 have to를 이용하여 문장을 완성하시오.

1 너는 네 감정을 숨길 필요가 없어. → _____ your emotions. (hide)

2 그는 집안일을 해야 한다. → _____ the housework. (do)

3 너는 매일 조깅하러 가야 하니? → _____ jogging every day? (go)

4 그녀는 집으로 가는 길에 우유를 사야 했다.
   → _____ milk on her way home. (buy)

5 그들은 대구에서 기차를 갈아타야 할 것이다.
   → _____ trains in Daegu. (change)

Words
Japanese 일본어; 일본인   cheat (시험 등에서) 부정행위를 하다   behavior 행동   indoors 실내에서   hide 숨기다
emotion 감정   housework 집안일   on one's way home 집으로 가는 길에

Grammar Tips

[1] 강한 추측을 나타내는 must의 부정은 can't(~일 리가 없다)이다.

[2] have to의 부정: don't have to(~할 필요가 없다) = need not, don't need to
cf. must not: ~해서는 안 된다

[3-4] have to의 과거는 had to, 미래는 will have to로 나타낸다. (강한 의무를 나타내는 must의 과거와 미래는 have to의 과거형, 미래형으로 나타낸다.)

C should ~해야 한다(의무, 충고)[5]

You **should** prepare for tomorrow's class.
People **should not[shouldn't]** waste water.
Should I wear my school uniform to the picnic?

Check-up ( ) 안의 표현과 should 또는 should not을 이용하여 빈칸에 알맞은 말을 쓰시오.

1 Keep your voice down. You _____ loudly in the library. (talk)

2 We _____ before running. It will relax our muscles. (warm up)

3 I fought with Brian yesterday. _____ to him? (apologize)

Grammar Tips

[5] should는 must보다 강제성이 약한 의무나 충고 등을 나타낸다.

D had better ~하는 게 좋겠다(충고, 경고)

You **had better**[6] take a rest.
You **had better not**[7] lie to me.

Check-up 밑줄 친 부분을 어법에 맞게 고치시오.

1 She had better <u>going</u> home early.

2 You <u>had not better</u> meet him again.

3 He'd better <u>to change</u> his study habits.

[6] You had better
= You'd better

[7] had better의 부정은 had better not이다.

E would like to ~하고 싶다

I **would like to**[8] go to the zoo.
Would you **like to** order something to drink?

Check-up 우리말과 일치하도록 ( ) 안의 표현과 would like to를 이용하여 문장을 완성하시오.

1 저는 Mr. Park과 통화하고 싶습니다. (speak)
  → _____ to Mr. Park.

2 당신은 이 바지를 입어 보시겠습니까? (try on)
  → _____ these pants?

3 우리는 진실을 알고 싶습니다. (know)
  → _____ the truth.

[8] I would like to
= I'd like to

Words

prepare 준비하다   waste 낭비하다   warm up 준비 운동을 하다   relax 긴장을 풀다   muscle 근육
apologize 사과하다   take a rest 휴식을 취하다   try on ~을 입어 보다

[01-04] 빈칸에 알맞은 것을 고르시오.

01

> You got up late this morning. _____ you able to arrive at work on time?

① Do　　　　　② Will
③ Did　　　　　④ Were
⑤ Could

02

> You _____ pay. It is a free concert.

① will　　　　　② should
③ have to　　　④ may
⑤ don't have to

03

> The boy in the photo _____ be you. He doesn't look like you at all.

① can　　　　　② can't
③ must　　　　④ must not
⑤ should

04

> You _____ go there on a weekday. It's too crowded on weekends.

① can't　　　　② shouldn't
③ won't　　　　④ had better
⑤ would like to

💬 서술형

[05-06] 다음 문장을 ( ) 안의 지시대로 바꿔 쓰시오.

05

> Sam must turn in the report by noon. (미래시제로)
> → _____

06

> You had better take the subway. (부정문으로)
> → _____

💬 서술형

07 어법상 어색한 부분을 바르게 고쳐 문장을 다시 쓰시오.

> Would you like having a cup of tea?
> → _____

💬 서술형

[08-09] ( ) 안의 표현을 이용하여 문장을 바꿔 쓰시오.
(밑줄 친 부분에 유의할 것)

⭐ 자주 나와요

08

> He can get an A in English. (be able to)
> → He _____ an A in English next month.

09

> She must show her ID to them. (have to)
> → She _____ her ID to them yesterday.

10

> • Next week, it _____ be sunny every day.
> • Joan, _____ you take yoga lessons?

① may ② may not
③ will ④ will not
⑤ cannot

11

> • You _____ not copy other people's work.
> • Sir, _____ I see your passport, please?

① will ② may
③ must ④ should
⑤ would

12

> • I _____ like to introduce my friend to you.
> • Mr. Smith, _____ you like to have dinner at my house?

① could ② would
③ must ④ should
⑤ had better

⭐ 자주 나와요

13

① Do you have to study tonight?
② He won't go camping with us.
③ They may will have a big party.
④ May I ask you a personal question?
⑤ You can't go out before you finish your homework.

14

① Will they spend the night at our house?
② Jason have to help his dad today.
③ You shouldn't bother your sister when she studies.
④ Could you give me a hand with these suitcases?
⑤ We must attend the wedding tomorrow.

15

① They were able to pass the test.
② Should he stay home this afternoon?
③ I'd like to book a table for 8 o'clock.
④ She has better talk to her manager.
⑤ You must not kick the seat in front of you at the theater.

⚠ 어려워요

16 두 문장의 의미가 같지 <u>않은</u> 것은?

① She couldn't say a word.
  → She wasn't able to say a word.
② Must he wear a suit?
  → Does he have to wear a suit?
③ You can borrow this book if you want.
  → You may borrow this book if you want.
④ We don't have to leave early.
  → We need not leave early.
⑤ You may visit me any time tomorrow.
  → You might visit me any time tomorrow.

17

> You _____ use your cell phone after the plane takes off.

① shouldn't ② must not
③ cannot ④ may not
⑤ didn't have to

18

_____ you help David with his homework?

① Will   ② Can

③ May   ④ Would

⑤ Should

[19-21] 밑줄 친 부분의 의미가 <u>다른</u> 하나를 고르시오.

⚠ 어려워요

19

① She <u>may</u> find someone nice there.

② They <u>may</u> get angry about my grades.

③ You <u>may</u> use my computer all day.

④ My mother <u>may</u> call me soon.

⑤ We <u>may</u> win the lottery some day.

20

① He <u>can't</u> be lying. He is very honest.

② I <u>can't</u> believe the story.

③ The kid <u>can't</u> put on his shoes by himself.

④ We <u>can't</u> stay here any longer.

⑤ She <u>can't</u> understand the movie.

21

① We <u>must</u> be at the airport by 10.

② She <u>must</u> be good at basketball.

③ He <u>must</u> go to see the doctor.

④ You <u>must</u> start exercising now.

⑤ They <u>must</u> take care of their kids.

⚠ 어려워요

22 보기의 밑줄 친 부분과 의미가 같은 것은?

보기 | Can I play computer games after dinner?

① My mother <u>can</u> sing very well.

② <u>Can</u> you pass me a sheet of paper?

③ You <u>can</u> always ask me questions.

④ She <u>can</u> speak a little Chinese.

⑤ He <u>can</u> memorize new English words very quickly.

💬 서술형

[23-25] 우리말과 일치하도록 문장을 완성하시오.

(will, must, may를 한 번씩만 이용할 것)

23

그는 연습을 더 하자는 네 생각에 동의하지 않을지도 몰라.

→ He _____ _____ agree with your idea about practicing more.

24

Amy는 그 여행을 못 가서 분명 실망했을 거야.

→ Amy _____ _____ disappointed that she can't go on the trip.

25

걱정하지 마. 나는 아무한테도 말하지 않을 거야.

→ Don't worry. I _____ _____ tell anybody.

A

우리말과 일치하도록 주어진 단어를 바르게 배열하시오.

1 그녀는 올림픽에서 금메달을 딸 것이다.
(a gold medal, she, will, at the Olympics, win)
→ _____

2 그가 나중에 우리와 합류할지도 몰라요.
(join, later, he, us, might)
→ _____

3 제가 그 약을 매일 먹어야 하나요?
(the medicine, should, every day, take, I)
→ _____

B

우리말과 일치하도록 ( ) 안의 표현을 이용하여 문장을 완성하시오.

1 저에게 시내 지도 한 장을 주시겠어요? (could, give)
→ _____ a city map?

2 저 남자는 아주 부자임이 틀림없어. (must, very)
→ That man _____.

3 우리는 이 시간에 택시를 타지 않는 게 좋겠어.
(had better, take)
→ _____ a taxi at this hour.

C

우리말과 일치하도록 밑줄 친 부분을 바르게 고쳐 문장을 다시 쓰시오.

1 내 일정을 확인해 봐야 할 거야.
I will <u>must</u> check my schedule.
→ _____

2 김 선생님은 세미나에 참석하지 않으셔도 된다.
Mr. Kim <u>must not</u> attend the seminar.
→ _____

D

표지판을 보고 ( ) 안의 단어를 이용하여 안내문을 완성하시오.

1 You _____ food into the gallery. (must, bring)

2 You _____ fast in the school zone. (should, drive)

E

다음 대화의 밑줄 친 ⓐ, ⓑ를 바르게 고치시오.

> Kate: ⓐ I can't go to school, because I was sick. I missed today's classes.
>
> Mike: I will lend you my notebook tomorrow. That way, ⓑ <u>you will can study</u> today's lessons.
>
> Kate: Thank you very much!

ⓐ → _____

ⓑ → _____

바르게 쓰인 문장에는 O, 어색한 문장에는 X를 표시한 후,
어색한 부분을 바르게 고치시오.

접어서 풀어보세요.

조동사의 특징

1 Will he takes a plane to Busan? (　)

_____ → _____

▸ **Will** he **take** a plane to Busan?
조동사 뒤에는 항상 동사원형을 쓴다.

can

2 They can buy cheap tickets yesterday. (　)

_____ → _____

▸ They **could[were able to]** buy cheap tickets yesterday.
능력을 나타내는 can의 과거는 could 또는 was/were able to로 쓴다.

can/may

3 May you lend me some money? (　)

_____ → _____

▸ **Can[Could]** you lend me some money?
'~해 주시겠어요?'라는 요청은 May you ~?가 아닌 Can[Could] you ~?로 쓴다.

will

4 Michael won't disappoint his parents. (　)

_____ → _____

▸ Michael **won't** disappoint his parents.
'~하지 않을 것이다'는 won't로 표현한다.

must

5 You must don't bring your pets on the subway. (　)

_____ → _____

▸ You **must not[mustn't]** bring your pets on the subway.
강한 의무를 나타내는 must의 부정은 must not[mustn't]이다.

have to

6 Is she have to make a speech? (　)

_____ → _____

▸ **Does** she **have to** make a speech?
have to의 의문문은 주어가 3인칭 단수일 때 「Does+주어+have to ~?」로 쓴다.

had better

7 You had not better lose too much weight. (　)

_____ → _____

▸ You **had better not** lose too much weight.
had better의 부정은 had better not이다.

would like to

8 I would like to go to the swimming pool. (　)

_____ → _____

▸ I **would like to** go to the swimming pool.
'~하고 싶다'는 would like to로 표현한다.

50

Chapter

5

수동태

🏅 UNIT 1 수동태의 기본

Ⓐ 수동태의 개념 및 형태

능동태는 주어가 동작을 행하는 것(~가 …한다)을 나타내며, 수동태는 「be동사+과거분사(v-ed)(+by+행위자)」의 형태로 주어가 동작의 영향을 받거나 당하는 것(~가 …되어진다)을 나타낸다.

Millions of people **watch** movies every year. 능동태
　　　주어　　　　　동사　　목적어

Movies **are watched** by millions of people[1] every year. 수동태
　주어　　be동사+v-ed　　　　by+행위자

Grammar Tips

[1] 수동태의 행위자를 나타낼 때는 「by+목적격」으로 쓴다.

Check-up 다음 문장을 수동태로 바꿔 쓰시오.

1 Each team wears uniforms.
→ _____

2 My teacher gives homework every day.
→ _____ every day.

3 Ms. Park teaches science.
→ _____

4 Many people visit this beach every summer.
→ _____ every summer.

Ⓑ 수동태의 시제

1 과거시제: be동사의 과거형+v-ed(+by+행위자)
All the students loved Mike.
→ Mike **was loved** by all the students.

2 미래시제: will be v-ed(+by+행위자)
The police will search the house.
→ The house **will be searched** by the police.

3 진행시제: be동사+being v-ed(+by+행위자)
My uncle is driving the car.
→ The car **is being driven** by my uncle.

Words
millions of 수백만의　each 각각의　search 뒤지다, 수색하다

1 그 시는 John에 의해 쓰였었다. (write)

→ The poem _____.

2 저녁은 유명한 요리사에 의해 준비되고 있는 중이다. (prepare, a famous chef)

→ The dinner _____.

3 그 팀은 나의 아빠에 의해 지도받을 것이다. (coach, my dad)

→ The team _____.

4 이 사과들은 지역 농부에 의해 길러졌었다. (grow, a local farmer)

→ These apples _____.

C 수동태의 부정문, 의문문 / 조동사의 수동태

1 수동태의 부정문: be동사+not v-ed(+by+행위자)

This article **was not written** by an expert.

The pictures **were not taken** by Amanda.

2 수동태의 의문문: be동사+주어+v-ed(+by+행위자)?

Was he **seen** by a doctor?

Were the cookies **baked** by your mother?

3 조동사의 수동태: 조동사+be v-ed(+by+행위자)

The dishes **should be washed** by George.

The boy **may be punished** by his parents.

Check-up 다음 문장을 수동태로 바꿔 쓰시오.

1 The performance didn't impress me.

→ _____

2 The teacher didn't explain the answers.

→ _____

3 Did Mr. Johnson's speech move you?

→ _____

4 Everyone must follow the traffic rules.

→ _____

Words

poem 시   chef 요리사   coach 지도하다   local 지역의   punish 벌주다   performance 공연
impress 깊은 인상을 주다   speech 연설   move 감동시키다   follow 따르다   traffic rule 교통 규칙

UNIT 2 주의해야 할 수동태

A 수동태로 쓰지 않는 동사

1 자동사[1]: happen, appear, disappear 등
   Something strange **happened**.
   → Something strange *was happened*. (x)

2 소유나 상태를 나타내는 타동사: have(~을 가지고 있다), fit(~에 어울리다),
   resemble(~와 닮다) 등
   Junho **has** many pets.
   → Many pets *are had* by Junho. (x)

Check-up 밑줄 친 부분을 어법에 맞게 고치시오.

1 My cell phone was disappeared.

2 These shoes are fitted me well.

3 A fever is had by Jane.

B 동사구[2]의 수동태

동사구가 쓰인 문장을 수동태로 바꿀 때 동사구는 하나의 동사처럼 취급한다.
My aunt in America *took care of* my brother.
→ My brother **was taken care of** by my aunt in America.

> **More Grammar** 자주 쓰이는 동사구
>
> laugh at: ~을 비웃다   put off: ~을 연기하다[미루다]
> look after: ~을 돌보다   take care of: ~을 돌보다
> look up to: ~을 존경하다   look down on: ~을 얕보다
> run over: (차가) ~을 치다   bring up: ~을 기르다[양육하다]

Check-up 다음 문장을 수동태로 바꿔 쓰시오.

1 A car ran over a deer.
   → _____

2 Many students look up to Mr. Lee.
   → _____

Words
happen (사건 등이) 발생하다   appear 나타나다   disappear 사라지다   deer 사슴

Grammar Tips

[1] 자동사는 목적어를 취하지 않는 동사이므로, 수동태로 쓸 수 없다.

[2] 동사구: 동사에 전치사, 부사 등의 다른 말이 붙어 하나의 의미를 가지는 것

C 「by+행위자」를 생략하는 경우

수동태의 행위자가 막연한 일반인일 때 또는 행위자가 분명하지 않거나 중요하지 않을 때는
「by+행위자」를 쓰지 않기도 한다.

Pizza **is eaten** all over the world.
The bicycle **was left** in the rain.
Many watches **are made** in Switzerland.

Check-up ( ) 안의 단어를 이용하여 빈칸에 알맞은 말을 쓰시오.

1 Trees _____ in the garden last week. (plant)

2 The rock festival _____ next month. (will, hold)

3 The package _____ by Friday. (must, deliver)

D by 이외의 전치사를 사용하는 경우

수동태의 행위자는 보통 by를 써서 나타내지만, 다른 전치사를 사용하기도 한다.

The department store **was filled with** people.
The coach **was pleased with** his team's victory.

More Grammar   by 이외의 전치사를 쓰는 수동태 구문

be surprised at: ~에 놀라다
be pleased with: ~에 기뻐하다
be covered with: ~로 덮여 있다
be satisfied with: ~에 만족하다
be disappointed with: ~에 실망하다

be known to: ~에게 알려져 있다[3]
be interested in: ~에 흥미가 있다
be filled with: ~로 가득 차다
be made of[from]: ~로 만들어지다[4]
be worried about: ~에 대해 걱정하다

Check-up 보기에서 알맞은 단어를 골라 빈칸에 쓰시오.

보기	as	in	from	about	at

1 Chocolate is made _____ cacao beans.

2 Admiral Sunsin Yi is known _____ a great hero.

3 We were worried _____ his illness.

4 Sally is interested _____ learning Chinese.

5 I was surprised _____ the sad news.

Grammar Tips

[3] • be known to: ~에게
알려져 있다
The actress **was known
to** everyone in my
school.
 • be known for: ~로
유명하다
She **is known for** her
attractive voice.
 • be known as: ~(특정
명칭 등)으로 알려져 있다
He **was known as** a
painter.

[4] 만든 재료를 육안으로
쉽게 식별할 수 있는 물리적
변화에는 of를 쓰고, 화학적
변화 등으로 재료를 쉽게 알
수 없을 때는 from을 쓴다.
- The house **is made of**
bricks.
- Wine **is made from**
grapes.

Words

Switzerland 스위스   plant 심다   hold 개최하다   package 소포   deliver 배달하다   victory 승리
attractive 매력적인   brick 벽돌   admiral 해군 대장, 제독   illness 병

[01-04] 빈칸에 알맞은 것을 고르시오.

01

> The robber was _____ by the police.

① catch   ② to catch
③ catched   ④ catching
⑤ caught

02

> The house should _____ quickly.

① clean   ② be clean
③ be cleaned   ④ is cleaned
⑤ be cleaning

03

> Dinner is _____ by Clara and Peggy.

① preparing   ② be prepared
③ being prepared   ④ to prepare
⑤ prepares

04

> Many students were not satisfied _____ their grades.

① with   ② about
③ at   ④ from
⑤ of

[05-06] 빈칸에 알맞지 <u>않은</u> 것을 고르시오.

05

> The patients _____ carefully.

① are treated
② will be treated
③ are being treated
④ were treated
⑤ must treated

06

> The tables _____ be moved outside.

① should   ② can
③ will   ④ were
⑤ have to

07 다음 문장을 수동태로 바르게 바꾼 것은?

> Mr. and Mrs. Jones looked after the kids.

① The kids were looked by Mr. and Mrs. Jones.
② The kids were looked by Mr. and Mrs. Jones after.
③ The kids were looked after by Mr. and Mrs. Jones.
④ Mr. and Mrs. Jones were looked by the kids.
⑤ Mr. and Mrs. Jones were looked after by the kids.

💬 서술형

[08-09] ( ) 안의 단어를 이용하여 빈칸에 알맞은 말을 쓰시오.

08

> The novel _____ by a famous writer two years ago. (write)

56

09

He _____ music these days.
(interest)

[10-11] 우리말과 일치하도록 할 때 빈칸에 알맞은 것을 고르시오.

10

그 프로젝트는 한 달 안에 끝마쳐질 것이다.
→ The project _____ in a month.

① will do ② will be did
③ will done ④ will be done
⑤ will to do

11

밖에서 이상한 소리가 들렸다.
→ A strange noise _____ outside.

① hears ② was heard
③ being heard ④ is being heard
⑤ was heard by

12 우리말을 영어로 바르게 옮긴 것은?

우리의 데이트는 다음 주까지 연기되었다.

① Our date put until next week.
② Our date put off until next week.
③ Our date was put until next week off.
④ Our date was put off until next week.
⑤ Our date being put off until next week.

[13-15] 우리말과 일치하도록 (　) 안의 표현을 이용하여 문장을 완성하시오.

13

그 건물은 오래 전에 지어졌나요?
→ _____ _____ _____
_____ a long time ago?
(the building, build)

14

내 컴퓨터는 지금 수리되고 있는 중이다.
→ My computer _____ _____
_____ now. (repair)

15

그 창문은 Jake에 의해 깨지지 않았다.
→ The window _____ _____
_____ _____ _____. (break)

[16-17] 빈칸에 공통으로 알맞은 것을 고르시오.

16

• Can the schedule _____ changed later?
• He might _____ disappointed with the results.

① is ② be
③ was ④ being
⑤ will

17

- This song is known _____ everyone.
- The artist is looked up _____ by many people.

① at   ② for
③ to   ④ with
⑤ as

⚠ 어려워요
18 밑줄 친 부분이 어법상 어색한 것은?

① Butter is made <u>from</u> milk.

② The ground was covered <u>with</u> snow.

③ The mall was filled <u>of</u> shoppers.

④ She was worried <u>about</u> her daughter.

⑤ It was painted <u>by</u> Van Gogh.

💬 서술형
19 다음 문장에서 어법상 어색한 부분을 바르게 고쳐 문장을 다시 쓰시오.

Suddenly, a fox was appeared in front of our car.
→ _____

[20-22] 어법상 어색한 것을 고르시오.

20

① The sports car was made in Germany.

② The vegetables are kept in the refrigerator.

③ The lecture will be give by the new teacher.

④ I was brought up by my aunt.

⑤ Was your wallet stolen yesterday?

⚠ 어려워요
21

① The city is protected by high walls.

② The treasure was had by someone.

③ The car has to be washed today.

④ The question wasn't answered by anyone.

⑤ The magician disappeared from the stage.

22

① It was run over by a truck.

② He is loved by many girls.

③ Something funny happened an hour ago.

④ The cats were fed by the boy.

⑤ The project can finished by Friday.

⭐ 자주 나와요
23 밑줄 친 부분을 바르게 고친 것은?

Harry <u>is resembled by</u> his mother.

① resembles   ② resembling by
③ is resembled   ④ is resembling by
⑤ is being resembled by

💬 서술형
[24-25] 다음 문장을 수동태로 바꿔 쓰시오.

⭐ 자주 나와요
24

The manager took care of the problem.
→ The problem _____.

25

The news pleased the students.
→ The students _____.

A

우리말과 일치하도록 주어진 단어를 바르게 배열하시오.

1 그 지역은 자두로 유명하다.

(its plums, known, the area, for, is)

→ _____

2 그 캠페인은 우리에 의해 준비되지 않았다.

(was, us, the campaign, organized, by, not)

→ _____

3 2012 올림픽은 런던에서 개최되었니?

(held, the 2012 Olympics, London, were, in)

→ _____

B

우리말과 일치하도록 ( ) 안의 표현을 이용하여 문장을 완성하시오.

1 내일 선물 하나가 보내질 것이다. (will, send)

→ A gift _____ tomorrow.

2 그의 생각은 비웃음을 당했다. (laugh at)

→ His idea _____ .

3 그 보고서는 나에게 이메일로 보내져야 한다.

(should, email)

→ The report _____ to me.

⭐ 자주 나와요

C

다음 문장을 수동태로 바꿔 쓰시오.

1 Mr. Brown wrote some great music.

→ _____

2 A handsome guy is delivering the pizza.

→ _____

3 Your rude behavior may hurt her feelings.

→ _____

D

그림을 보고 ( ) 안의 표현을 이용하여 문장을 완성하시오.

1 The ice cream _____ .

(cover, chocolate syrup)

2 The glasses _____ . (fill, ice)

3 The table _____ .

(make, wood)

E

다음 글의 밑줄 친 우리말과 일치하도록 알맞은 말을 쓰시오.

> English ⓐ 사용된다 in many countries. The
> English language ⓑ 말해지고, English songs
> ⓒ 불려지고, and English books ⓓ 읽힌다 all over
> the world. English is a truly global language!

ⓐ _____

ⓑ _____

ⓒ _____

ⓓ _____

바르게 쓰인 문장에는 **O**, 어색한 문장에는 **X**를 표시한 후,
어색한 부분을 바르게 고치시오.

접어서 풀어보세요.

수동태의 개념 및 형태

1 My purse stole on the train yesterday.　( )

_____ → _____

▸ My purse was stolen on the train yesterday.
주어가 동작의 영향을 받거나 당하는 것을 나타낼 때는 수동태(be동사
+v-ed(+by+행위자))를 쓴다.

수동태의 시제

2 My car being fixed by a mechanic now.　( )

_____ → _____

▸ My car is being fixed by a mechanic now.
수동태의 진행시제는 「be동사+being v-ed(+by+행위자)」이다.

수동태의 부정문

3 I didn't invited to Anna's birthday party.　( )

_____ → _____

▸ I wasn't invited to Anna's birthday party.
수동태의 부정문은 「be동사+not v-ed(+by+행위자)」이다.

수동태의 의문문

4 Was the sandwich made by Yujin?　( )

_____ → _____

▸ Was the sandwich made by Yujin?
수동태의 의문문은 「be동사+주어+v-ed(+by+행위자)?」이다.

조동사의 수동태

5 The mail will delivered in a couple of days.( )

_____ → _____

▸ The mail will be delivered in a couple of days.
조동사의 수동태는 「조동사+be v-ed(+by+행위자)」이다.

수동태로 쓰지 않는 동사

6 A strange thing was happened to me.　( )

_____ → _____

▸ A strange thing happened to me.
자동사는 수동태로 쓰지 않는다.

동사구의 수동태

7 The man was looked down on by
everyone.　( )

_____ → _____

▸ The man was looked down on by everyone.
동사구가 쓰인 문장을 수동태로 바꿀 때 동사구는 하나의 동사처럼 취급한다.

by 이외의 전치사를 사용하는 경우

8 He was known a genius.　( )

_____ → _____

▸ He was known as a genius.
be known as는 '~(특정 명칭 등)으로 알려져 있다'라는 뜻의 수동태 구문이
다.

Chapter

관계사

UNIT 1 관계사 1

A 관계대명사의 역할과 종류

Grammar Tips

[1] 선행사가 관계대명사절 안에서 어떤 역할을 하는지에 따라 관계대명사의 격(주격, 목적격, 소유격)이 달라진다.

1 관계대명사는 두 문장을 연결하는 접속사 역할과 앞에 나온 명사를 대신하는 대명사 역할을 동시에 한다. 관계대명사절은 앞에 있는 명사(선행사)를 수식한다.

I have a brother. + He likes basketball.

→ I have a brother and he likes basketball.

→ I have a brother [**who** likes basketball].

2 관계대명사의 종류[1]

선행사	주격	목적격	소유격
사람	who	who(m)	whose
사물, 동물	which	which	whose
사람, 사물, 동물	that	that	-
선행사 포함	what	what	-

Check-up 선행사에 밑줄을 긋고, 관계대명사에 동그라미 하시오.

1 I know a girl whose name is Grace.

2 I heard a song that I like.

3 The man whom I met yesterday was very kind.

B 관계대명사 who, who(m), whose

[2] 일상생활에서는 whom보다 who를 더 많이 쓴다.

➕

소유격 관계대명사 whose는 선행사가 사람, 사물, 동물일 때 모두 사용할 수 있다.
There are *some houses* **whose** windows are open.

선행사가 사람이고 관계대명사절에서 주어 역할을 하면 who, 목적어 역할을 하면 who(m)[2]을 쓴다. 또한 선행사가 관계대명사절에서 관계대명사 뒤에 오는 명사의 소유격 역할을 하면 whose를 쓴다.

I met *a woman* **who** was very tall.

← I met a woman. + She was very tall.

Ms. Lee is *a scientist* **whom** many people respect.

← Ms. Lee is a scientist. + Many people respect her.

I saw *a man* **whose** clothes were dirty.

← I saw a man. + His clothes were dirty.

Words
scientist 과학자　respect 존경하다

Check-up   다음 두 문장을 관계대명사 who, whom, whose를 이용하여 한 문장으로 바꿔 쓰시오.

1   There are people. They are wearing red shirts.
    → There are people _____.

2   A giraffe is an animal. Its neck is very long.
    → A giraffe is _____.

3   My uncle is an artist. He lives in France.
    → My uncle _____ is an artist.

4   He is an actor. My friends like him the most.
    → He is the actor _____ the most.

ⓒ 관계대명사 which

선행사가 사물이나 동물이고 관계대명사절에서 주어 또는 목적어 역할을 하면 which를 쓴다.
The monkeys **which** live in this zoo are very popular.
This is *the tree* **which** I planted with my father.

Check-up   다음 두 문장을 관계대명사 which를 이용하여 한 문장으로 바꿔 쓰시오.

1   She lost the scarf. Her father had bought it for her.
    → She lost the scarf _____.

2   The movie was released yesterday. It was quite boring.
    → The movie _____ was quite boring.

ⓓ 관계대명사 that

선행사에 관계없이 주격 또는 목적격 관계대명사로 that을 쓸 수 있다.[3]
The man **that** sells ice cream is my uncle.
This is *the question* **that** nobody can solve.

Check-up   우리말과 일치하도록 주어진 단어를 바르게 배열하시오.

1   우리는 빵이 함께 제공되는 음식을 주문했다. (was, that, the dish, served)
    → We ordered _____ with bread.

2   나는 내 여동생이 내게 준 셔츠를 입었다. (me, a shirt, gave, that, my sister)
    → I wore _____.

3   이 소설은 함께 모험을 하는 한 남자와 호랑이에 대한 것이다.
    (a tiger, have an adventure, and, that, a man)
    → This novel is about _____ together.

Words
release (영화 등을) 개봉하다   quite 꽤, 상당히   nobody 아무도 ~ 않다   solve 풀다, 해결하다
serve (음식을) 제공하다   novel 소설   adventure 모험

Grammar Tips

[3] 관계대명사 that은 소유격으로 쓰이지 않는다.

➕
주로 관계대명사 that을 쓰는 경우
• 선행사가 「사람+사물/동물」일 때
I met *the old lady and her dog* **that** live next door.
• 선행사가 -thing으로 끝나는 단어일 때
They bought *everything* **that** they needed.
• 선행사에 최상급, 서수, the very, the same, the only 등이 있을 때
It is *the fastest car* **that** was made last year.

🏅 UNIT 2 관계사 2

Ⓐ 관계대명사 what

what은 선행사를 포함하는 관계대명사로, the thing(s) that[which](~하는 것)의 의미이다.

What I cooked this morning was spaghetti.

← The thing that[which] I cooked this morning was spaghetti.

That is **what** I wanted to say.

Check-up 우리말과 일치하도록 ( ) 안의 단어와 관계대명사 what을 이용하여 문장을 완성하시오.

1 Jessica는 그 선생님이 말한 것을 받아 적었다. (say)

→ Jessica wrote down _____ .

2 내가 지금 필요한 것은 너의 격려이다. (need)

→ _____ now is your encouragement.

Ⓑ 관계대명사의 생략

1 목적격 관계대명사 who(m), which, that은 생략할 수 있다.

• 동사의 목적어

I know the person (**who(m)**[**that**]) you mentioned.

I like the movie (**which**[**that**]) we watched together.

• 전치사의 목적어

This is the place (**which**[**that**]) Jinho stays *at*.[1]

← This is the place. + Jinho stays *at* this place.

2 「주격 관계대명사+be동사」는 생략할 수 있다.

The man (**who is**) wearing the brown jacket is my dad.

I have a laptop (**that was**) made in Japan.

Check-up 다음 문장에서 생략할 수 있는 부분을 찾아 쓰시오. (생략할 수 있는 부분이 없으면 X 표시할 것)

1 That is the man whom we talked about.

2 Look at this book that is written in Latin.

3 I don't like people that download music illegally.

4 What is the subject which you like the most?

Grammar Tips

1 • 전치사를 관계대명사 앞에 둘 수도 있는데, 이때는 관계대명사를 생략할 수 없다.

→ This is the place **at which** Jinho stays. (o)

→ This is the place **at** Jinho stays. (x)

• 관계대명사 that 앞에는 전치사를 쓸 수 없다.

→ This is the place **at that** Jinho stays. (X)

Words

write down ~을 적다   encouragement 격려   mention 언급하다   laptop 노트북 컴퓨터   Latin 라틴어
illegally 불법적으로   subject 과목

C 관계부사의 역할과 종류

관계부사는 두 문장을 연결하는 접속사 역할과 부사의 역할을 동시에 하는 말로, 관계부사가
이끄는 절은 선행사를 수식한다.

Grammar Tips

[2] 선행사 the way와
관계부사 how는 함께 쓸 수
없고, 둘 중 하나만 쓴다.
→ This is **the way
how** I solved the math
problem. (x)

1 when: 선행사가 때를 나타낼 때 (선행사: the time, the day, the year 등)
   I will never forget *the day* **when** I first saw him.
   ← I will never forget the day. + I first saw him on that day.
   Spring is *the time* **when** the weather becomes warm.

2 where: 선행사가 장소를 나타낼 때 (선행사: the place, the house, the country 등)
   We visited *the house* **where** Mozart lived.
   ← We visited a house. + Mozart lived in that house.
   This is *the place* **where** we played basketball together.

3 why: 선행사가 이유를 나타낼 때 (선행사: the reason)
   I know *the reason* **why** she left me.
   ← I know the reason. + She left me for that reason.
   Do you know *the reason* **why** Tom was absent?

4 how: 선행사가 방법을 나타낼 때 (선행사: the way)
   This is **how[the way]** I solved the math problem.[2]
   ← This is the way. + I solved the math problem in that way.
   I don't know **how** I can persuade them.

Check-up 우리말과 일치하도록 빈칸에 알맞은 관계부사를 쓰시오.

1 그들은 그 사고가 일어났던 지역을 발견했다.
   → They found the area _____ the accident happened.

2 나는 그 기계가 작동하는 법을 이해하지 못한다.
   → I don't understand _____ the machine works.

3 2018년은 나의 사촌이 태어난 해이다.
   → 2018 is the year _____ my cousin was born.

4 모두가 James를 좋아하는 이유를 나에게 말해줘.
   → Tell me the reason _____ everyone likes James.

Words
reason 이유   persuade 설득하다   accident 사고   machine 기계   work 작동하다

[01-04] 빈칸에 알맞은 것을 고르시오.

01

> The girl _____ is walking down the stairs is my friend Ann.

① who   ② whom
③ whose   ④ which
⑤ what

02

> Last Friday was the day _____ we watched the tennis game.

① which   ② what
③ why   ④ when
⑤ where

⭐ 자주 나와요
03

> _____ surprised me was his tone of voice.

① Who   ② Whose
③ That   ④ Which
⑤ What

04

> Tell me the reason _____ you broke your promise.

① which   ② what
③ why   ④ how
⑤ where

💬 서술형
[05-07] 다음 두 문장을 한 문장으로 바꿀 때 빈칸에 알맞은 관계사를 쓰시오.

05

> I love the sweet song. Brian is singing it.
> → I love the sweet song _____ Brian is singing.

⭐ 자주 나와요
06

> Cindy has a brother. His hobby is snowboarding.
> → Cindy has a brother _____ hobby is snowboarding.

07

> I showed him the way. I use chopsticks in that way.
> → I showed him _____ I use chopsticks.

[08-09] 빈칸에 공통으로 알맞은 것을 고르시오.

08

> • I lost _____ David gave me yesterday.
> • I know _____ you want to tell me.

① which   ② what
③ that   ④ how
⑤ where

09

- Lisa is the only student _____ got 100 on the exam.
- You can use anything _____ is on the desk.

① which
② what
③ that
④ how
⑤ where

💬 서술형
[10-11] 다음 대화의 빈칸에 알맞은 말을 쓰시오.

10

A: Do you have any plans for your summer vacation?
B: I will visit the city _____ my uncle lives.

11

A: Chris, tell me _____ _____ you fixed the clock.
B: I just changed the battery.

⭐ 자주 나와요
12 밑줄 친 부분 중 생략할 수 없는 것은?

① I know the boy <u>whom</u> Tina is talking to.
② She gives her children everything <u>that</u> she has.
③ The oven <u>which</u> is in the kitchen is very old.
④ This is the bicycle <u>that</u> I borrowed from Ben.
⑤ I drew a picture <u>that</u> the art teacher was satisfied with.

[13-15] 우리말과 일치하도록 할 때 빈칸에 알맞은 것을 고르시오.

13

이것은 내가 크리스마스 선물로 받은 목걸이이다.
→ This is the necklace _____ I received as a Christmas gift.

① who
② whom
③ whose
④ which
⑤ what

14

지금은 네가 미래를 위해 열심히 공부해야 하는 시기이다.
→ Now is the time _____ you should study hard for your future.

① which
② what
③ when
④ how
⑤ where

15

Carl은 다섯 개의 언어를 말할 수 있는 학생이다.
→ Carl is the student _____ can speak five languages.

① whom
② which
③ that
④ what
⑤ whose

[16-17] 밑줄 친 부분이 어법상 어색한 것을 고르시오.

⚠️ 어려워요
16

① I like boys <u>who</u> make me laugh.
② The room <u>which</u> walls are pink is mine.
③ He is the first student <u>that</u> won the prize.
④ I couldn't understand <u>what</u> Sophie said to me.
⑤ Emily is the woman <u>whom</u> I went camping with.

17

① That was the day when I appeared on TV.

② This is the place where I used to buy shoes.

③ Tell me the way how you mastered Italian.

④ That's the reason why Mike changed his mind.

⑤ My uncle wants to live in a country where the air is clean.

[18-19] 빈칸에 들어갈 말이 나머지와 다른 것을 고르시오.

18

① I like the coffee shop _____ we met yesterday.

② Let's go to the village _____ you were born.

③ We visited the wedding hall _____ we got married.

④ This is the house _____ the musician lived.

⑤ I remember the time _____ I traveled to Peru.

19

① She bought a bag _____ pocket is red.

② I lost a book _____ title is *The Poor*.

③ I have a friend _____ job is teaching math.

④ Betty met a man _____ brother is a writer.

⑤ I know the woman _____ Peter sent flowers to.

💬 서술형

[20-21] 다음 문장에서 생략할 수 있는 부분을 찾아 쓰시오. (생략할 수 있는 부분이 없으면 X 표시할 것)

⚠ 어려워요

20

The boy with whom I danced is from Sweden.

→ _____

21

Did you see the girl who was carrying a teddy bear?

→ _____

[22-23] 빈칸에 알맞은 말이 바르게 짝지어진 것을 고르시오.

22

- _____ I really want to be is an actor.
- The clerks _____ work in this store are friendly.

① That – who   ② What – whom

③ Which – where   ④ What – who

⑤ That – whose

23

- This is the most delicious ice cream _____ you can buy.
- Do you know the reason _____ Jay didn't hand in his homework?

① that – why   ② what – why

③ which – how   ④ what – that

⑤ that – who

⚠ 어려워요

24 밑줄 친 부분의 쓰임이 다른 하나는?

① I hate boys who are lazy.

② I wonder who wrote the love letter.

③ He introduced me to a woman who works in advertising.

④ My friend who lives in Chile sent me an e-mail.

⑤ The film is about a girl who likes playing soccer.

💬 서술형

25 어법상 어색한 부분을 찾아 바르게 고치시오.

The cookbook that I bought it last week is very helpful.

_____ → _____

A

우리말과 일치하도록 주어진 단어를 바르게 배열하시오.

1 내가 지금 읽고 있는 그 책은 지루하다.

(boring, I'm, that, reading, is, now)

→ The book _____ .

2 이곳이 네가 그 운동화를 산 가게니?

(the store, bought, where, the sneakers, you)

→ Is this _____ ?

3 우리는 서비스가 훌륭한 식당에서 먹었다.

(great, whose, a restaurant, was, service)

→ We ate at _____ .

B

우리말과 일치하도록 ( ) 안의 표현을 이용하여 문장을 완성
하시오.

1 어느 누구도 그 소년이 말하는 것을 믿지 않는다. (say)

→ No one believes _____ .

2 Linda는 내게 내가 그 뮤지컬 표들을 구한 방법을
물었다. (get, the tickets)

→ Linda asked me _____ to

the musical.

3 교실 안에는 과자를 먹고 있는 학생들이 몇 명 있었다.

(some, eat, snacks)

→ There were _____

in the classroom.

★ 자주 나와요

C

다음 두 문장을 관계사를 이용하여 한 문장으로 바꿔 쓰시오.

1 Would you bring me the mug? It is on the
desk.

→ _____

2 Look at the table. Its legs are broken.

→ _____

3 We went to a town. They make cheese in that
town.

→ _____

D

그림을 보고 관계사를 이용하여 친구를 묘사하는 문장을
완성하시오.

| 1 | 2 |

1 I have a friend _____ _____ blue
eyes.

2 I have a friend _____ _____ is very
long.

⚠ 어려워요

E

다음 기자와 배우의 대화를 읽고, ⓐ~ⓒ에 알맞은 말을
쓰시오.

A: Congratulations! You won the award for best
actor.

B: Thank you!

A: What was in your mind at the moment
ⓐ _____ your name was called?

B: Nothing. I just couldn't believe it.

A: Would you tell me ⓑ _____
_____ _____ you decided to act
in the movie? I heard you refused at first.

B: Well, the director was able to persuade me
to join the cast. Now, I'm thankful for
ⓒ _____ he did.

바르게 쓰인 문장에는 **O**, 어색한 문장에는 **X**를 표시한 후, 어색한 부분을 바르게 고치시오.

접어서 풀어보세요.

관계대명사 who, who(m)

1 Do you know anyone whom can speak French? (　　)

_____ → _____

▶ Do you know anyone who[that] can speak French?
선행사가 사람이고 관계사절에서 주어 역할을 하면 주격 관계대명사 who 또는 that을 쓴다.

관계대명사 whose

2 She bought a dress that design does not suit her. (　　)

_____ → _____

▶ She bought a dress whose design does not suit her.
선행사가 관계사절에서 관계대명사 뒤에 오는 명사의 소유격 역할을 해야 하므로 소유격 관계대명사 whose를 쓴다.

관계대명사 which

3 He made the bookshelf what is in the corner. (　　)

_____ → _____

▶ He made the bookshelf which[that] is in the corner.
선행사가 사물이고 관계사절에서 주어 역할을 하면 주격 관계대명사 which 또는 that을 쓴다.

관계대명사 that

4 Here's the story that I heard from him. (　　)

_____ → _____

▶ Here's the story that I heard from him.
선행사에 관계없이 주격 또는 목적격 관계대명사로 that을 쓸 수 있다.

관계대명사 what

5 That I like to do on weekends is hang out with my friends. (　　)

_____ → _____

▶ What I like to do on weekends is hang out with my friends.
선행사가 없으므로 선행사를 포함하는 관계대명사 what을 쓴다.

관계대명사의 생략

6 This is the TV show I like the best. (　　)

_____ → _____

▶ This is the TV show (which[that]) I like the best.
목적격 관계대명사는 생략할 수 있다.

관계부사의 역할과 종류

7 This is the season where many tourists visit the island. (　　)

_____ → _____

▶ This is the season when many tourists visit the island.
선행사가 때를 나타내고 관계사절에서 부사의 역할을 하면 관계부사 when을 쓴다.

관계부사의 역할과 종류

8 Olivia taught me the way how she makes an apple pie. (　　)

_____ → _____

▶ Olivia taught me the way[how] she makes an apple pie.
the way와 how는 같이 쓰지 않는다.

Chapter

7

비교 표현

🏅 UNIT 1 원급, 비교급, 최상급

Ⓐ 원급 비교

as+형용사/부사의 원급+as ~: ~만큼 …한[하게]

He walks **as slowly as** a turtle.

Sharon is **not as pretty as** her mother. not as+원급+as ~: ~만큼 …하지 않은[않게]

Check-up 우리말과 일치하도록 ( ) 안의 단어를 이용하여 문장을 완성하시오.

1 Sam은 John만큼 빨리 먹는다. (fast)
   → Sam eats _____ John.

2 오늘은 어제만큼 덥지 않다. (hot)
   → Today is _____ yesterday.

3 그녀는 나만큼 물을 자주 마신다. (often)
   → She drinks water _____ I do.

Ⓑ 비교급 비교

형용사/부사의 비교급+than ~: ~보다 더 …한[하게]

Sandra is **taller than** Megan.

I think computer games are **more exciting than** books.

> ### *More Grammar* 비교급의 강조
>
> 비교급을 강조할 때는 비교급 앞에 much, a lot, far, even 등을 쓴다.
> The musical was **much** *better* than I expected.
> Roller coasters are **far** *more exciting* than Viking rides.

Check-up ( ) 안의 표현을 이용하여 빈칸에 알맞은 말을 쓰시오.

1 Rick is _____ than Sarah. (short)

2 My dog is _____ than my neighbor's. (big)

3 Personality is _____ than appearance. (a lot, important)

4 My smartphone is _____ than yours. (wide)

5 Seoul is _____ than Busan. (even, crowded)

Grammar Tips

➕

-or로 끝나는 형용사 (superior, inferior, prior 등) 뒤에는 than 대신 to를 쓴다.
This television is **superior to** that one.

Words

turtle (바다)거북   expect 기대하다   superior 우수한   inferior 열등한   prior 우선하는   personality 성격
appearance 외모   wide 넓은

C 최상급 비교

1 the+형용사/부사의 최상급: 가장 ~한[하게]

What is **the largest** animal *in* the world? in+장소나 범위를 나타내는 단수명사

Bill is **the most careful** *of* my nephews. of+비교의 대상이 되는 명사

2 one of the+형용사/부사의 최상급+복수명사: 가장 ~한 …중의 하나

Canada is **one of the coldest countries** in the world.

Bob is **one of the most popular writers** today.

Grammar Tips

1 주로 -ous, -ful, -ive, -ing 등으로 끝나는 단어가 이에 해당한다.

More Grammar   비교급과 최상급 만들기

규칙 변화	대부분의 단어	+ -er/-est	soft – soft**er** – soft**est**
	-e로 끝나는 단어	+ -r/-st	wise – wis**er** – wis**est**
	「자음+-y」로 끝나는 단어	y를 i로 고치고 + -er/-est	easy – eas**ier** – eas**iest**
	「단모음+단자음」으로 끝나는 단어	자음을 한 번 더 쓰고 + -er/-est	big – big**ger** – big**gest**
	일부 2음절[1] 또는 3음절 이상인 단어	more/most + 형용사/부사	famous – **more** famous – **most** famous
불규칙 변화	good/well – **better** – **best** many/much – **more** – **most**		bad – **worse** – **worst** little – **less** – **least**

Check-up   다음 문장을 보고 ( ) 안의 단어와 최상급을 이용하여 빈칸에 알맞은 말을 쓰시오.

1 My father is 175 cm. My mother is 155 cm. I am 160 cm.

→ _____ person in my family. (short)

2 It is 23 degrees in London, 30 degrees in Seoul, and 34 degrees in Beijing.

→ _____ city of the three. (hot)

3 The bear weighs 150 kg. The hippo weighs 3,000 kg. The tiger weighs 200 kg.

→ _____ animal of the three. (heavy)

4 The three fastest runners in my school are Ron, David, and Tom.

→ David is _____ in my school. (one, fast)

Words

careful 조심스러운   nephew (남자) 조카   degree (온도 단위) 도   weigh 무게가 ~이다   hippo 하마

🥇 UNIT 2 주요 비교 표현

Ⓐ 원급 주요 표현

1 as+원급+as possible: 가능한 한 ~한[하게]
  = as+원급+as+주어+can: …가 할 수 있는 한 ~한[하게]
  My sister walks to school **as often as possible**.
  → My sister walks to school **as often as she can**.
  Billy writes **as neatly as possible**.
  → Billy writes **as neatly as he can**.

2 배수사+as+원급+as ~: ~보다 몇 배만큼 …한[하게]
  These pants cost **twice as much as** those pants.
  This math problem is **three times as hard as** the previous one.

Check-up 우리말과 일치하도록 주어진 단어를 바르게 배열하시오.

1 나는 가능한 한 자주 피자를 먹고 싶다. (as, pizza, as, often, eat, possible)
  → I want to _____.

2 이 길은 저 것(길)보다 세 배 길다. (that one, as, three, long, times, as)
  → This road is _____.

Ⓑ 비교급 주요 표현

1 the+비교급, the+비교급: ~하면 할수록 더 …하다
  The more you exercise, **the better** you will feel.
  The harder you try, **the more successful** you will be.

2 비교급+and+비교급: 점점 더 ~한[하게]
  The baby keeps getting **bigger and bigger**.
  George's grades are getting **better and better** every month.

3 Which[Who] ~ 비교급, A or B?: A와 B 중에서 어느 것이[누가] 더 ~한가?
  Which do you like **more**, meat or vegetables?
  Who is **more attractive**, Andy or Brian?

Words
neatly 깔끔하게 previous 이전의 successful 성공적인 keep v-ing 계속 ~하다 attractive 매력적인

Check-up 우리말과 일치하도록 (　) 안의 단어를 이용하여 문장을 완성하시오.

1 Kate는 점점 더 예뻐지고 있다. (pretty)

→ Kate is getting _____ .

2 네가 빨리 주문할수록, 네 음식은 더 빨리 도착할 것이다. (early, soon)

→ _____ you order, _____ your food will arrive.

3 Jia와 Cindy 중에서 누가 더 키가 크니? (tall)

→ _____ is _____ , Jia or Cindy?

4 너는 한국 음식과 일본 음식 중에서 어느 것을 더 좋아하니? (good)

→ _____ do you like _____ , Korean food or Japanese food?

Ⓒ 최상급 주요 표현

1 the+최상급(+that)+주어+have ever v-ed: 지금까지 ~한 것 중 가장 …한

Eric is **the nicest person (that) I have ever known.**

It was **the best movie (that) I have ever seen.**

2 원급 · 비교급을 이용한 최상급 표현

• No ~ as+원급+as: 어떤 ~도 …만큼 ~하지 않은[않게]

No class is **as difficult as** math.

No person is **as funny as** my cousin Amy.

• No ~ 비교급+than: 어떤 ~도 …보다 ~하지 않은[않게]

No one is **smarter than** Einstein.

No dancer is **more famous than** Tiffany.

• 비교급+than any other+단수명사: 다른 어떤 ~보다도 더 …한[하게]

= 비교급+than all the other+복수명사: 다른 모든 ~보다도 더 …한[하게]

Soccer is **more popular than any other sport.**

→ Soccer is **more popular than all the other sports.**

Check-up 주어진 문장과 같은 뜻이 되도록 (　) 안의 단어를 이용하여 빈칸에 알맞은 말을 쓰시오.

This is the oldest book in the library.

1 No book in the library is _____ _____ _____ this. (as)

2 No book in the library is _____ _____ this. (than)

3 This is _____ _____ _____ _____ _____ in the library. (any)

4 This is _____ _____ _____ _____

_____ in the library. (all)

Words

order 주문하다　Japanese 일본의　cousin 사촌

[01-04] 빈칸에 알맞은 것을 고르시오.

01

> This magazine is _____ than that one.

① thick　　　　　　② thicker
③ more thick　　　④ thickest
⑤ the thickest

02

> His new suitcase is as _____ as mine.

① light　　　　　　② lighter
③ lightest　　　　④ more light
⑤ the lightest

03

> No restaurant is _____ than Jim's.

① crowded　　　　　② the crowded
③ more crowded　　④ as crowded
⑤ the most crowded

04

> Andy Warhol was one of _____ artists in history.

① famouser　　　　② more famous
③ most famous　　④ the famousest
⑤ the most famous

05 단어의 원급, 비교급, 최상급의 형태가 <u>잘못된</u> 것은?
① thin – thinner – thinnest
② wise – wiser – wisest
③ bad – badder – baddest
④ healthy – healthier – healthiest
⑤ helpful – more helpful – most helpful

[06-07] 빈칸에 알맞지 <u>않은</u> 것을 고르시오.

⭐ 자주 나와요
06

> This smartphone is _____ more useful than I expected.

① far　　　　　　② very
③ much　　　　　④ even
⑤ a lot

07

> Rebecca is the most _____ member of the drama club.

① pretty　　　　② important
③ cheerful　　　④ diligent
⑤ popular

💬 서술형
[08-10] 두 문장이 같은 뜻이 되도록 빈칸에 알맞은 말을 쓰시오.

⭐ 자주 나와요
08

> Sue tried to go home as early as she could.
> → Sue tried to go home _____.

09

> Winter is the best season for snowboarding.
> → Winter is _____ any other season for snowboarding.

10

> No other subject is as interesting as music.
> → Music is _____.

11

① Today is <u>not as cold as</u> yesterday.

② I can make spaghetti <u>better than</u> Kate.

③ His idea is <u>even more creative than</u> yours.

④ This is <u>the more boring</u> book I've ever read.

⑤ The more you practice tennis, <u>the better</u> you will play.

12

① I will call you <u>as soon as I can</u>.

② Which is <u>smaller</u>, this wallet or that one?

③ He thinks his position is <u>inferior to</u> hers.

④ Julia is <u>the most charming</u> student in my class.

⑤ My living room is <u>three times as bigger as</u> hers.

💬 **서술형**

[13-15] 우리말과 일치하도록 ( ) 안의 단어를 이용하여 문장을 완성하시오.

13

콘서트홀 안은 점점 더 더워졌다.
→ It got _____ _____ _____
inside the concert hall. (hot)

⭐ **자주 나와요**

14

Minju는 반에서 가장 활동적인 학생 중 한 명이다.
→ Minju is _____ _____
_____ _____
_____ in the class. (active)

15

그녀는 1990년대에 다른 모든 여배우들보다도 더 인기가 있었다.
→ She was more popular than _____
_____ in the 1990s. (actress)

⭐ **자주 나와요**

16 주어진 문장과 의미가 같은 것은?

His car is not as large as mine.

① My car is as small as his.

② My car is larger than his.

③ His car is larger than mine.

④ His car is not as small as mine.

⑤ His car is not smaller than mine.

⚠️ **어려워요**

17 주어진 문장과 의미가 다른 것은?

No dessert is as delicious as apple pie.

① Apple pie is the most delicious dessert.

② Apple pie is more delicious than any other dessert.

③ Apple pie is not as delicious as other desserts.

④ No dessert is more delicious than apple pie.

⑤ Apple pie is more delicious than all the other desserts.

18 빈칸에 알맞은 말이 바르게 짝지어진 것은?

• Phil has _____ baseball caps than I do.

• The study says that the _____ you sleep, the more weight you gain.

① many – little   ② many – less

③ more – little   ④ more – less

⑤ more – fewer

[19-20] 다음 문장을 보고 ( ) 안의 단어를 이용하여 빈칸에 알맞은 말을 쓰시오.

19

- Lily is 5 years old.
- Jack is 20 years old.

→ Jack is _____ Lily. (four, old)

20

- The white shirt is $20.
- The yellow shirt is $25.

→ The yellow shirt is _____ the white shirt. (expensive)

[21-23] 우리말과 일치하도록 할 때 빈칸에 알맞은 것을 고르시오.

21

Ashley와 Ben 중에 누가 더 재미있니?
→ Who is _____, Ashley or Ben?

① funny
② funnier
③ funniest
④ more funny
⑤ the most funny

22

Dave는 합창단의 다른 어떤 소년보다도 더 일찍 공항에 도착했다.
→ Dave arrived at the airport _____ than any other boy in the choir.

① early
② earlier
③ the earliest
④ more early
⑤ the most early

23

밖에서 나는 소음은 점점 더 커졌다.
→ The noise from outside became _____.

① even louder
② loud and loud
③ louder and louder
④ more loud and loud
⑤ the loudest and the loudest

⚠ 어려워요
24 어법상 올바른 것끼리 바르게 짝지어진 것은?

ⓐ What is the oldest building in Paris?
ⓑ That project was not easy as we thought.
ⓒ You should take a shower as more quickly as possible.
ⓓ He is one of the most successful businessman in the world.
ⓔ The sooner we finish cleaning the house, the sooner we can eat.

① ⓐ, ⓓ
② ⓐ, ⓔ
③ ⓑ, ⓒ, ⓔ
④ ⓐ, ⓑ, ⓓ
⑤ ⓒ, ⓓ, ⓔ

⚠ 어려워요
25 다음 표의 내용과 일치하는 것은?

	Number of visitors per month
the NC Tower	20,000
the National Museum	60,000
the West Gallery	35,000

① The West Gallery had the fewest visitors of all.
② The NC Tower had more visitors than the West Gallery.
③ The NC Tower had as many visitors as the National Museum.
④ The National Museum had fewer visitors than the West Gallery.
⑤ The National Museum had three times as many visitors as the NC Tower.

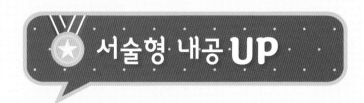

A

우리말과 일치하도록 주어진 단어를 바르게 배열하시오.

1 그는 내가 만나본 사람 중 가장 힘이 센 사람이다.
   (met, person, he, ever, strongest, is, the, I've)
   → _____

2 너의 가방은 내 가방만큼 세련되지 않다.
   (not, stylish, mine, is, your bag, as, as)
   → _____

3 어떤 선생님도 Brown 선생님보다 엄격하지 않다.
   (is, Mr. Brown, no, teacher, than, stricter)
   → _____

B

우리말과 일치하도록 ( ) 안의 단어를 이용하여 문장을 완성하시오.

1 이 치마는 저 치마보다 두 배 길다. (long)
   → This skirt is _____ that one.

2 네가 더 열심히 공부할수록, 네 시험 성적은 더 좋아질
   것이다. (hard, good)
   → _____ you study, _____
   your test scores will be.

3 그녀는 그녀의 반에서 가장 아름다운 그림을 그렸다.
   (beautiful, painting)
   → She drew _____
   in her class.

C

표를 보고 ( ) 안의 단어를 이용하여 문장을 완성하시오.

Name	Adam	Ted	Robin
Age	16 years	18 years	15 years
Weight	58 kg	60 kg	47 kg
Height	168 cm	172 cm	168 cm

1 Robin is _____ of the three. (young)
2 Ted is _____ Adam. (heavy)
3 Adam is _____ Robin. (tall)

D

그림을 보고 ( ) 안의 단어를 이용하여 문장을 완성하시오.

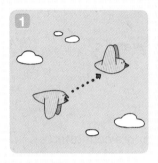 

1 The bird is flying _____.
   (high, and)
2 The red car is moving _____
   the blue car. (much, fast)

E

다음 대화의 밑줄 친 ⓐ~ⓓ 중 어법상 어색한 것 3개를 골라
바르게 고치시오.

Lauren : I heard that this is one of ⓐ the best
         restaurant in town. Can you
         recommend something to order?
Waiter : Sure. Which do you like ⓑ better, spicy
         food or sweet food?
Lauren : I like spicy food ⓒ much than sweet
         food.
Waiter : Then I recommend the chicken curry.
         It's really delicious.
Lauren : That sounds good. I'll take that.
Waiter : OK. I'll bring your order ⓓ as sooner as
         I can.

_____ → _____
_____ → _____
_____ → _____

바르게 쓰인 문장에는 **O**, 어색한 문장에는 **X**를 표시한 후, 어색한 부분을 바르게 고치시오.

접어서 풀어보세요.

원급 비교

1 Julie sings as better as Sarah.　　　　( )

_____ → _____

▸ Julie sings **as well as** Sarah.
원급 비교는 「as+형용사/부사의 원급+as ~」의 형태이다.

비교급 비교

2 These sneakers are very more comfortable ( )
than those.

_____ → _____

▸ These sneakers are **much[a lot, far, even] more comfortable** than those.
비교급을 강조할 때는 비교급 앞에 much, a lot, far, even 등을 쓴다.

최상급 비교

3 This is one of the most expensive watch ( )
in the shop.

_____ → _____

▸ This is **one of the most expensive watches** in the shop.
「one of the+최상급+복수명사」는 '가장 ~한 …중의 하나'의 의미이다.

원급 주요 표현

4 I spoke as fastest as I could.　　　　( )

_____ → _____

▸ I spoke **as fast as I could**.
「as+원급+as+주어+can」은 '…가 할 수 있는 한 ~한[하게]'의 의미이다.

원급 주요 표현

5 Her garden is three times as large as ( )
mine.

_____ → _____

▸ Her garden is **three times as large as** mine.
「배수사+as+원급+as ~」는 '~보다 몇 배만큼 …한[하게]'의 의미이다.

비교급 주요 표현

6 The long I'm with him, the more I like him. ( )

_____ → _____

▸ **The longer** I'm with him, **the more** I like him.
「the+비교급, the+비교급」은 '~하면 할수록 더 …하다'의 의미이다.

최상급 주요 표현

7 It's the more touching book I've ever read. ( )

_____ → _____

▸ It's **the most touching book I've ever read**.
「the+최상급(+that)+주어+have ever v-ed」는 '지금까지 ~한 것 중 가장 …한'의 의미이다.

최상급 주요 표현

8 Nayoung is smarter than any other girls in ( )
my class.

_____ → _____

▸ Nayoung is **smarter than any other girl** in my class.
「비교급+than any other+단수명사」는 '다른 어떤 ~보다도 더 …한[하게]'의 의미이다.

Chapter

8

부정대명사와 접속사

🥈 UNIT 1 부정대명사

부정대명사는 정해지지 않은 막연한 사람이나 사물을 가리키는 대명사로, 일부는 같은 의미의 형용사로도 쓰인다.

Ⓐ one

one은 앞에 나온 명사와 같은 종류의 사람이나 사물을 가리킬 때 쓰며, 복수형은 ones이다.
I'm looking for a bank. — There's **one** around the corner. (one = a bank)[1]
I like these pants. Are there any bigger **ones**? (ones = pants)

Check-up 빈칸에 one 또는 it 중 알맞은 것을 쓰시오.

1 Have you seen my hat? — No, I haven't seen _____.
2 I forgot to bring my pencil. Can you lend me _____?

Ⓑ all, both

1 all은 '모두, 모든(것)'의 의미로, 사람을 나타낼 때는 복수, 사물이나 상황을 나타낼 때는 단수
취급한다. 「all+(of)+명사」의 경우에는 명사의 수에 동사를 일치시킨다.
   All *are* looking at the camera.　　**All** *is* quiet in the countryside.
   All of the animals *are* sleeping.　　**All** the information *is* in this book.

2 both는 '둘 다(의), 양쪽(의)'의 의미로, 복수 취급한다.
   Both men *like* to travel.　　**Both** of us *are* basketball players.

Check-up 어법상 <u>어색한</u> 부분을 찾아 바르게 고치시오.

1 All the money are in the bank.
2 There are a few people in this café. All of them likes jazz music.
3 Linda and Mark go to middle school. Both is in their second year.

Ⓒ each, every

each는 '각각(의)', every는 '모든'의 의미로, 「each[every]+단수명사」, 「each of+복수명사」의
형태로 쓰이며 둘 다 단수 취급한다.
Each language *has* its own grammar.　　**Every** bus *is* crowded with people.
Each of the students *needs* motivation.

Check-up 우리말과 일치하도록 (　) 안의 단어를 이용하여 문장을 완성하시오.

1 각 팀은 최선을 다하고 있다. (be) → _____ team _____ doing its best.
2 모든 이야기에는 주제가 있다. (have) → _____ story _____ a theme.
3 그들 각각은 길을 안다. (know) → _____ of them _____ the directions.

Words

countryside 시골 지역　information 정보　motivation 동기 부여　do one's best 최선을 다하다　theme 주제
directions (장소를 찾기 위한) 길

Grammar Tips

[1] 앞에서 언급한 바로 그것을
가리킬 때는 it을 쓴다.
Your watch looks good.
Where did you buy **it**?
(it = your watch)

D another, one ~ the other ..., some ~ others ...

1 another는 '또 하나 다른 것(의), 또 하나(의)'의 의미로, 같은 종류의 또 다른 것을 가리킬 때 쓴다.

This umbrella is broken. Give me **another**.

He wants to live in **another** country.

2 「one ~ the other ...」는 '(둘 중) 하나는 ~, 다른 하나는 …'의 의미로, 두 개를 차례로 가리킬 때 쓴다.

I have two cats; **one** is brown, and **the other** is black.

3 「some ~ others ...」는 '어떤 것[사람]들은 ~, 다른 어떤 것[사람]들은 …'의 의미이다.[2]

Some like summer, and **others** like winter.

Grammar Tips

[2] some ~, the others ...:
어떤 것[사람]들은 ~, 나머지
모든 것[사람]들은 …
There are 15 people
in the room; **some** like
dancing, but **the others**
don't.

Check-up   보기에서 알맞은 표현을 골라 빈칸에 쓰시오.

보기	another	others	the other

1 This glass of juice is delicious. Can I have _____ ?

2 She is studying two languages; one is Spanish, and _____ is French.

3 I already suggested many ideas. I can't think of _____.

4 There are a lot of flowers in the garden. Some are roses, and _____ are tulips.

E each other, one another

each other와 one another는 '서로'의 의미이다.[3]

David and I always help **each other**.

We need to understand **one another**.

[3] each other는 둘 사이에,
one another는 셋 이상
사이에 쓰인다고 설명하는
경우도 있으나, 현대
영어에서는 each other와
one another를 의미 차이
없이 사용한다.

Check-up   우리말과 일치하도록 주어진 단어를 바르게 배열하시오.

1 그들은 매일 서로 말다툼한다. (each other, they, argue with)

→ _____ every day.

2 그 네 명의 학생들은 서로 너무 다르다. (one another, different from, very)

→ The four students are _____.

3 Dan과 그의 아들은 서로 껴안았다. (his son, each other, Dan, hugged, and)

→ _____

Words

broken 부러진, 고장 난   Spanish 스페인어   French 프랑스어   suggest 제안하다   think of ~을 생각해 내다
argue with ~와 말다툼하다   be different from ~와 다르다   hug 껴안다

🥇 UNIT 2 접속사

Ⓐ 짝으로 이루어진 접속사

1 not only A but also B: A뿐만 아니라 B도 (= B as well as A)
She is **not only** smart **but also** kind. (= She is kind **as well as** smart.)

2 both A and B: A와 B 둘 다
Both Fred **and** his brother sing well.

3 either A or B: A나 B 중 한쪽
Either you **or** she is wrong.

4 neither A nor B: A도 아니고 B도 아닌
I'm **neither** hungry **nor** full.

Check-up 우리말과 일치하도록 문장을 완성하시오.

1 나는 여수나 경주 중 한 곳으로 여행갈 것이다.
→ I'll travel to _____ Yeosu _____ Gyeongju.

2 그들은 한국어뿐만 아니라 영어도 말할 수 있다.
→ They can speak _____ Korean _____ English.

3 Sally와 그녀의 오빠는 둘 다 수영을 잘한다.
→ _____ Sally _____ her brother are good at swimming.

4 그는 티셔츠뿐만 아니라 선글라스도 샀다.
→ He bought sunglasses _____ a T-shirt.

5 Jiho도 나도 등산하는 것을 좋아하지 않는다.
→ _____ Jiho _____ I like climbing mountains.

Ⓑ 명사절을 이끄는 접속사

접속사 that, if, whether는 주어, 목적어, 보어 역할을 하는 명사절을 주절과 연결해 준다.

1 that: ~라는 것
It is surprising **that** your team won the game.[1] 주어 역할
(← **That** your team won the game is surprising.)
I think (**that**) you should exercise every day.[2] 목적어 역할
The fact is **that** the two countries don't like each other. 보어 역할

2 if / whether: ~인지
I wonder **if**[**whether**] he is telling the truth (or not). 목적어 역할

Words
volunteer work 자원봉사   be good at ~을 잘하다   climb a mountain 등산하다   wonder 궁금하다
truth 진실

Grammar Tips

➕
짝으로 이루어진 접속사를 쓸 때 동사의 수 일치
• not only A but also B / B as well as A: B에 동사의 수 일치
- *Not only* you *but also* Ron **is** interested in volunteer work.
• both A and B: 복수 취급
- *Both* my sister *and* I **live** in Paris.
• either A or B / neither A nor B: B에 동사의 수 일치
- *Either* Amy *or* you **have** to clean the room.

[1] that절이 문장에서 주어 역할을 하는 경우, 보통 주어 자리에 가주어 It을 쓰고 that절은 뒤로 보낸다.

[2] 목적어절을 이끄는 that은 생략할 수 있다.

1 It is true _____. (the man, the car, that, stole)

2 I hope _____. (this party, you, enjoy, will)

3 I wonder _____. (can, me, if, your jacket, you, lend)

4 The problem is _____. (start, my car, that, doesn't)

5 I want to know _____.
  (is interested in, whether, acting, she)

C 부사절을 이끄는 접속사

시간, 조건, 이유, 양보를 나타내는 접속사는 부사 역할을 하는 부사절을 주절과 연결해 준다.

Grammar Tips

3-4 시간이나 조건의 접속사가 이끄는 부사절에서는 미래의 일을 현재시제로 나타낸다.

5 because 뒤에는 절이 오지만, because of 뒤에는 명사가 온다.
I stayed at home **because of** *the rain*.

1 시간을 나타내는 접속사: before(~하기 전에), after(~한 후에), until(~할 때까지), while(~하는 동안), when(~할 때), as(~할 때, ~하면서)
  I take a shower **before** I go to bed at night.
  We will take a walk **after** we finish dinner.[3]
  He waited **until** the sun went down.
  My girlfriend called me several times **while** I was sleeping.
  She was listening to music **when** her sister came back.
  Tony was watching TV **as** I was talking on the phone.

2 조건을 나타내는 접속사: if(만약 ~라면), unless(만약 ~하지 않는다면(= If ... not))
  If you have a question, ask me later.
  Unless you get up early, you'll be late.[4] (→ **If** you **don't** get up early, ...)

3 이유를 나타내는 접속사: because, as, since(~이기 때문에)
  Because[As, Since] I was tired, I took a nap.[5]

4 양보를 나타내는 접속사: though, although, even though(비록 ~일지라도)
  Though[Although, Even though] it was noisy in the room, he was studying hard.

Check-up ( ) 안에서 알맞은 것을 고르시오.

1 I won't believe you (until, if) you bring me some evidence.

2 (Since, Unless) her brother broke her camera, she is angry at him.

3 (If, After) you want to lose weight, go jogging every morning.

4 (Until, Though) he studied a lot, he failed the exam.

5 My roommate cleaned our room (although, while) I was washing the dishes.

Words

steal 훔치다   acting 연기   take a shower 샤워하다   several 몇몇의   take a nap 낮잠 자다
evidence 증거   break 망가뜨리다   roommate 룸메이트

[01-05] 빈칸에 알맞은 것을 고르시오.

01

Jenny likes brown sunglasses more than black _____.

① one ② ones
③ it ④ others
⑤ some

02

This dress doesn't suit me. Would you show me _____?

① one ② either
③ another ④ both
⑤ each other

03

His book was _____ moving nor interesting.

① both ② either
③ neither ④ unless
⑤ not only

04

I bought two T-shirts yesterday; one is pink, and _____ is violet.

① all ② either
③ another ④ others
⑤ the other

05

_____ Jack was full, he had some cheesecake.

① If ② Since
③ Though ④ Because
⑤ After

💬 서술형

[06-09] 두 문장이 같은 뜻이 되도록 빈칸에 알맞은 말을 쓰시오.

06

Ben likes eating pizza, and he also likes eating pasta.
→ Ben likes eating _____ pizza and pasta.

07

Let's take a walk if you are not tired.
→ Let's take a walk _____ you are tired.

08

Anna as well as Tom got an A in math.
→ Not only _____.

09

My grandfather is very old, but he is still strong.
→ _____ my grandfather is very old, he is still strong.

[10-12] 빈칸에 알맞은 말이 바르게 짝지어진 것을 고르시오.

10

> • Each of us _____ a different dream.
> • Every teacher in my school _____ nice.

① has – is   ② has – are
③ have – is   ④ have – are
⑤ have – be

11

> • The truth is _____ he lied to me.
> • I wonder _____ Steve has a sister.

① if – that   ② as – if
③ when – as   ④ that – if
⑤ that – although

12

> • Olivia lived in China _____ she was 13.
> • _____ you prepare dinner, wash your hands.

① as – Though   ② when – Though
③ if – After   ④ if – Before
⑤ until – Before

[13-14] 밑줄 친 부분이 어법상 어색한 것을 고르시오.

13

① Daniel and Mary love each other.
② All of the girls is listening to music.
③ Both of us were late for the meeting.
④ Some students are eating spaghetti. Others are eating sandwiches.
⑤ Two men are in the room; one is my brother, and the other is my boyfriend.

14

① If we hurry, we'll miss the plane.
② Do you know whether he passed the exam?
③ I'm sure that she will come to the party.
④ There were 30 girls; some wore pants, and the others wore skirts.
⑤ As Nate was leaving the office, his cell phone rang.

[15-16] 빈칸에 공통으로 알맞은 것을 고르시오.

15

> • I'll walk to the mall _____ it's not far from here.
> • I don't know _____ he is still home.

① if   ② as
③ though   ④ whether
⑤ unless

16

> • I'm still thirsty. Can I have _____ glass of water?
> • The road is blocked by an accident. Is there _____ way to get to City Hall?

① one   ② either
③ another   ④ others
⑤ the other

[17-18] 우리말과 일치하도록 빈칸에 알맞은 말을 한 단어씩 쓰시오.

17

> 어떤 사람들은 더운 나라에 살지만, 다른 어떤 사람들은 추운 나라에 산다.
> → _____ live in hot countries, but _____ live in cold countries.

18

Tim도 Roy도 스페인어를 못한다.
→ _____ Tim _____ Roy speaks
Spanish.

⚠ 어려워요
19 밑줄 친 부분의 의미가 다른 하나는?
① Since it was raining, they decided not to go out.
② As the elevator wasn't working, I took the stairs.
③ As we crossed the street, the light turned red.
④ Because it makes him sick, my father doesn't drink milk.
⑤ Since she lives nearby, Sumin often visits my house.

20 우리말을 영어로 바르게 옮긴 것은?

선풍기와 에어컨 둘 다 고장 났다.

① Every fan and the air conditioner were broken.
② Either the fan or the air conditioner was broken.
③ Neither the fan nor the air conditioner was broken.
④ Both the fan and the air conditioner was broken.
⑤ Both the fan and the air conditioner were broken.

💬 서술형
[21-22] 우리말과 일치하도록 어법상 어색한 부분을 찾아 바르게 고치시오.

⭐ 자주 나와요
21

내 TV는 낡고 작다. 나는 새것을 갖고 싶다.
→ My TV is old and small. I want a new it.

_____ → _____

22

내 주머니 안에 있던 모든 돈을 도난 당했다.
→ All the money in my pocket were stolen.

_____ → _____

⚠ 어려워요
23 어법상 올바른 것은?
① Every novel have a main character.
② I like this skirt. Can I try one on?
③ We will visit her either on Saturday nor Sunday.
④ Even though there was a hair in my soup, the waiter didn't apologize.
⑤ I have two hobbies; one is singing, and another is watching movies.

24 다음 빈칸에 들어갈 말이 나머지와 다른 것은?
① Her problem is _____ she is too shy.
② Paul hopes _____ he will be a professor.
③ It is shocking _____ he will marry Susan.
④ I think _____ you should drink more milk.
⑤ Let me know _____ you'll join the club or not.

⚠ 어려워요
25 밑줄 친 부분의 쓰임이 다른 하나는?
① When he was a child, he had a funny nickname.
② I was washing the dishes when Jeff called me.
③ When she got off the bus, she dropped her purse.
④ When Marsha was in the hospital, I visited her every day.
⑤ No one knows when Amanda will come to the office.

서술형·내공 UP

A

우리말과 일치하도록 주어진 단어를 바르게 배열하시오.

1 그와 나는 서로를 이해할 수 없었다.

(and, understand, not, he, could, I, each other)

→ _____

2 그의 아버지가 많이 편찮으시다는 것은 슬프다.

(is, ill, his father, very, it, that, is, sad)

→ _____

3 그 모든 만화책들은 인기가 있다.

(of, are, the comic books, popular, all)

→ _____

B

우리말과 일치하도록 ( ) 안의 단어를 이용하여 문장을 완성하시오.

1 너는 택시를 타지 않으면 제시간에 도착할 수 없다. (take)

→ _____, you can't arrive on time.

2 이 수저는 더러워요. 저에게 다른 것을 주세요. (give)

→ This spoon is dirty. Please _____.

3 Emily는 다정할 뿐만 아니라 재미있다.

(funny, friendly)

→ Emily is _____.

⚠ 어려워요

C

보기의 단어를 이용하여 두 문장을 한 문장으로 연결하시오.

보기   whether   since   although

1 We live in the same town. We're not close.

→ _____

2 Kate skipped lunch. She was very busy.

→ _____

3 I wonder. She is at home now.

→ _____

D

그림을 보고 글을 완성하시오.

Ian   Chris   Alice

1 There are two men. One is Ian, and _____

_____ is Chris. _____ of them _____ wearing neckties.

2 Alice is thinking about what to eat for lunch. She is going to eat _____ _____ _____ _____ a hamburger.

E

다음 여행 일정표를 보고, 보기에서 알맞은 단어를 골라 관광객과 가이드의 대화를 완성하시오.

8/24	4:00	Check-in
	5:00	Shopping at Siam
	6:30	Thai massage
	7:30	Dinner & watching a traditional dance performance

보기   before   after   while

A: ⓐ _____ we check in, what will we do?

B: We'll go shopping at Siam.

A: What time will we have dinner?

B: At 7:30 p.m. ⓑ _____ we eat dinner, we will watch a traditional dance performance.

A: One more question: Are we going to get a massage ⓒ _____ we have dinner?

B: Yes, you'll love it!

바르게 쓰인 문장에는 **O**, 어색한 문장에는 **X**를 표시한 후, 어색한 부분을 바르게 고치시오.

접어서 풀어보세요.

one

1 I've lost my watch. — Don't worry. I'll buy ( )
you a new it.

_____ → _____

▶ I've lost my watch. — Don't worry. I'll buy you
a new **one**.
앞에 나온 명사와 같은 종류의 사람이나 사물을 가리킬 때 one을 쓴다.

all, both

2 Both of us is from Taiwan. ( )

_____ → _____

▶ Both of us **are** from Taiwan.
both는 복수 취급한다.

each, every

3 Each of the mugs are a different color. ( )

_____ → _____

▶ Each of the mugs **is** a different color.
「each of+복수명사」는 단수 취급한다.

another, one ~ the other ..., some ~ others ...

4 I lent him two books; one is a book of ( )
essays, and the other is a novel.

_____ → _____

▶ I lent him two books; **one** is a book of essays,
and **the other** is a novel.
「one ~ the other ...」는 '(둘 중) 하나는 ~, 다른 하나는 …'의 의미로, 두 개
를 차례로 가리킬 때 쓴다.

짝으로 이루어진 접속사

5 Not only you but also Sue is good at ( )
skiing.

_____ → _____

▶ **Not only** you **but also** Sue is good at skiing.
「not only A but also B」는 'A뿐만 아니라 B도'라는 뜻이다.

짝으로 이루어진 접속사

6 The lake was neither beautiful or clean. ( )

_____ → _____

▶ The lake was **neither** beautiful **nor** clean.
「neither A nor B」는 'A도 아니고 B도 아닌'이라는 뜻이다.

명사절을 이끄는 접속사

7 I knew whether yesterday was Bill's ( )
birthday.

_____ → _____

▶ I knew **(that)** yesterday was Bill's birthday.
접속사 that은 '~라는 것'의 의미로 명사절을 이끌며, 목적어절을 이끄는 that
은 생략 가능하다.

부사절을 이끄는 접속사

8 If you have any more questions, I'll end ( )
my presentation.

_____ → _____

▶ **Unless** you have any more questions, I'll end
my presentation.
unless는 '만약 ~하지 않는다면(= if ... not)'의 의미이다.

memo

memo

memo

지은이

NE능률 영어교육연구소

NE능률 영어교육연구소는 혁신적이며 효율적인 영어 교재를 개발하고
영어 학습의 질을 한 단계 높이고자 노력하는 NE능률의 연구조직입니다.

열중16강 문법 〈LEVEL 2〉

펴 낸 이   주민홍
펴 낸 곳   서울특별시 마포구 월드컵북로 396(상암동) 누리꿈스퀘어 비즈니스타워 10층
            ㈜NE능률 (우편번호 03925)
펴 낸 날   2019년 1월 5일 개정판 제1쇄 발행
            2024년 5월 15일 제12쇄
전   화   02 2014 7114
팩   스   02 3142 0356
홈 페 이 지   www.neungyule.com
등 록 번 호   제1-68호
I S B N   979-11-253-2604-5 53740
정   가   9,000원

NE 능률

고객센터

교재 내용 문의 : contact.nebooks.co.kr (별도의 가입 절차 없이 작성 가능)
제품 구매, 교환, 불량, 반품 문의 : 02-2014-7114
☎ 전화문의는 본사 업무시간 중에만 가능합니다.

NE능률 교재 MAP

아래 교재 MAP을 참고하여 본인의 현재 혹은 목표 수준에 따라 교재를 선택하세요.
NE능률 교재들과 함께 영어실력을 쑥쑥~ 올려보세요!
MP3 등 교재 부가 학습 서비스 및 자세한 교재 정보는 www.nebooks.co.kr 에서 확인하세요.

초1-2	초3	초3-4	초4-5	초5-6
	그래머버디 1	그래머버디 2	그래머버디 3	Grammar Bean 3
	초등영어 문법이 된다 Starter 1	초등영어 문법이 된다 Starter 2	Grammar Bean 1	Grammar Bean 4
		초등 Grammar Inside 1	Grammar Bean 2	초등영어 문법이 된다 2
		초등 Grammar Inside 2	초등영어 문법이 된다 1	초등 Grammar Inside 5
			초등 Grammar Inside 3	초등 Grammar Inside 6
			초등 Grammar Inside 4	

초6-예비중	중1	중1-2	중2-3	중3
능률중학영어 예비중	능률중학영어 중1	능률중학영어 중2	Grammar Zone 기초편	능률중학영어 중3
Grammar Inside Starter	Grammar Zone 입문편	1316 Grammar 2	Grammar Zone 워크북 기초편	문제로 마스터하는 중학영문법 3
원리를 더한 영문법 STARTER	Grammar Zone 워크북 입문편	문제로 마스터하는 중학영문법 2	1316 Grammar 3	Grammar Inside 3
	1316 Grammar 1	Grammar Inside 2	원리를 더한 영문법 2	열중 16강 문법 3
	문제로 마스터하는 중학영문법 1	열중 16강 문법 2	중학영문법 총정리 모의고사 2	중학영문법 총정리 모의고사 3
	Grammar Inside 1	원리를 더한 영문법 1	쓰기로 마스터하는 중학서술형 2학년	쓰기로 마스터하는 중학서술형 3학년
	열중 16강 문법 1	중학영문법 총정리 모의고사 1	중학 천문장 3	
	쓰기로 마스터하는 중학서술형 1학년	중학 천문장 2		
	중학 천문장 1			

예비고-고1	고1	고1-2	고2-3	고3
문제로 마스터하는 고등영문법	Grammar Zone 기본편 1	필히 통하는 고등 영문법 실력편	Grammar Zone 종합편	
올클 수능 어법 start	Grammar Zone 워크북 기본편 1	필히 통하는 고등 서술형 실전편	Grammar Zone 워크북 종합편	
천문장 입문	Grammar Zone 기본편 2	TEPS BY STEP G+R Basic	올클 수능 어법 완성	
	Grammar Zone 워크북 기본편 2		천문장 완성	
	필히 통하는 고등 영문법 기본편			
	필히 통하는 고등 서술형 기본편			
	천문장 기본			

수능 이상/ 토플 80-89 · 텝스 600-699점	수능 이상/ 토플 90-99 · 텝스 700-799점	수능 이상/ 토플 100 · 텝스 800점 이상		
TEPS BY STEP G+R 1	TEPS BY STEP G+R 2	TEPS BY STEP G+R 3		

열여섯 시간에 완성하는 중학 영어 단기 특강

열중16강

문법 LEVEL 2

정답 및 해설

NE능률

열여섯 시간에 완성하는 중학 영어 단기 특강

열중16강

문법
LEVEL 2

Chapter 1
문장의 형식

UNIT 1 1, 2, 3, 4형식
p. 12

A
문이 열렸다.
Carla는 호텔에 도착했다.

Check-up
1 S: Babies, V: cry
2 S: Minhee, V: lives
3 S: The dog, V: jumped

B
1 그 노인은 키가 컸다.
내 여동생은 비행기 승무원이 되었다.
2 새로운 선생님은 친절해 보인다.
Joan은 매일 아침 피곤함을 느낀다.

Grammar Tips
그는 그의 아버지처럼 생겼었다.

Check-up
1 sounds great
2 is Christmas Eve
3 tastes sweet
4 became the class president

C
Laura는 햄버거와 감자튀김을 먹었다.
Mike는 스키 타러 가는 것을 좋아한다.

Check-up
1 I bought a tablet PC
2 Amy reads sports news
3 He saw his math teacher

D
1 Jones 씨는 그녀의 학생들에게 많은 숙제를 내주었다.
우리 할머니는 나에게 닭고기 수프를 만들어 주셨다.
2 우리는 그 아이들에게 선물을 주었다.
Lily는 그녀의 친구들에게 점심을 사주었다.
그 기자는 대통령에게 많은 질문을 했다.

Check-up
1 to his girlfriend
2 for her children

UNIT 2 5형식
p. 14

A
1 우리는 우리 아기를 James라고 불렀다.
그들은 그들의 딸을 Dorothy라고 이름 지었다.
2 이 코트는 너를 따뜻하게 해 줄 것이다.
운동은 당신을 건강하고 튼튼하게 만들어 준다.
3 Lucy는 Jim이 10분 더 기다리기를 원했다.
우리 부모님은 내가 그 시험에서 가장 높은 점수를 받기를
기대하셨다.

Grammar Tips
Tom은 엄마의 생신 날 엄마에게 아침을 만들어 드린다.
그의 투자는 그를 백만장자로 만들어 주었다.

Check-up
1 made him a famous star
2 believed his students honest
3 keeps the office cool
4 named her doll Kitty
5 allow his (younger) sister to use
6 expected me to arrive

B
1 폭우는 강물이 범람하게 만들었다.
그 학교는 아이들이 일찍 집에 가게 했다.
우리 엄마는 내가 설거지를 하게 하셨다.

More Grammar
우리 부모님은 내가 시험 공부를 하게 하셨다.
Jim은 Alex가 에세이 쓰는 것을 도왔다.

2 나는 John이 길을 건너는 것을 보았다.
Eunji는 그 고양이가 밤에 시끄럽게 하는 것을 들었다.
그는 누군가가 자신의 어깨를 건드리는 것을 느꼈다.

More Grammar
Kelly는 Paul이 친구들과 함께 치킨을 먹고 있는 것을 보았다.

Grammar Tips
David는 자신의 카메라가 수리되도록 했다.
나는 도로에서 자동차가 고장 나 있는 것을 보았다.

Check-up
1 watch   2 close[closing]   3 drink   4 to give
5 (to) carry   6 steal[stealing]

내신 적중 테스트
p. 16

1 ③   2 ①   3 ④   4 ③   5 ②   6 Bill showed
the photograph to me.   7 smells nice   8 felt,
shake[shaking]   9 ③   10 ⑤   11 ③   12 ⑤

13 ③ 14 ⑤ 15 ④ 16 ④ 17 ③ 18 ④ 19 ①
20 ④ 21 bring → to bring 22 I will buy a tie
for my dad. 23 My friend sent a package to me.
24 him to 25 watched David swim[swimming]

1 수여동사(give)+간접목적어+직접목적어

2 make+목적어+형용사(구)

3 지각동사(hear)+목적어+동사원형/현재분사

4 help+목적어+동사원형/to부정사
   ▶ do the laundry 빨래를 하다

5 want+목적어+to부정사(구)

6 수여동사(show)+직접목적어+to+간접목적어
   ▶ photograph 사진

7 감각동사(smell)+형용사

8 지각동사(feel)+목적어+동사원형/현재분사
   ▶ shake 떨리다

9 사역동사(have)+목적어+동사원형

10 expect+목적어+to부정사(구)

11 ③ → terrible, 감각동사(taste)+형용사
   ▶ terrible 형편없는

12 live는 주격보어가 필요하지 않다.

13 want, get, tell, allow+목적어+to부정사(구),
   사역동사(let)+목적어+동사원형

14 감각동사(sound)+형용사
   ▶ fantastic 환상적인

15 사역동사(make, have)+목적어+동사원형,
   지각동사(hear, watch)+목적어+동사원형,
   allow+목적어+to부정사(구)

16 감각동사(look)+like+명사(구)

17 수여동사(get, make)+직접목적어+for+간접목적어

18 ④ for → to, 수여동사(teach)+직접목적어+to+간접목적어

19 ① cleanly → clean, keep+목적어+형용사(구)
   ▶ energetic 활동적인 world-famous 세계적으로 유명한

20 ④ to talk → talk[talking], 지각동사(listen to)+목적어+
   동사원형/현재분사

21 tell+목적어+to부정사(구)

22 4형식 문장을 3형식 문장으로 바꿀 때 buy는 간접목적어 앞에
   for를 쓴다.

23 4형식 문장을 3형식 문장으로 바꿀 때 send는 간접목적어
   앞에 to를 쓴다.
   ▶ package 소포

24 get(~을 …하게 하다)+목적어+to부정사(구)
   ▶ accept 받아들이다 offer 제안

25 지각동사(watch)+목적어+동사원형/현재분사

서술형 내공 Up

p. 19

A 1 This perfume smells fresh and sweet.
  2 We brought drinks and snacks to the park.
  3 My mom had me clean the bathroom.

B 1 made a cake for
  2 heard a baby cry[crying]
  3 helped our neighbor (to) move out

C 1 wanted me to become
  2 told him to leave for the airport

D 1 a zookeeper feed[feeding] a baby lion
  2 a giraffe some grass[some grass to a giraffe]

E ⓑ → to Susan ⓓ → happy

A 1 감각동사(smell)+형용사
  2 주어+동사+목적어
  3 사역동사(have)+목적어+동사원형

B 1 수여동사(make)+직접목적어+for+간접목적어
  2 지각동사(hear)+목적어+동사원형/현재분사
  3 help+목적어+동사원형/to부정사
   ▶ move out 이사를 나가다

C 1 want+목적어+to부정사(구)
  2 tell+목적어+to부정사(구)
   ▶ guard 경비 요원

D 1 지각동사(see)+목적어+동사원형/현재분사
  2 「수여동사(give)+간접목적어+직접목적어」 또는
   「수여동사(give)+직접목적어+to+간접목적어」
   ▶ feed 먹이를 주다 zookeeper 동물원 사육사

E ⓑ 수여동사(send)+직접목적어+to+간접목적어
  ⓓ make+목적어+형용사(구)

나는 헤어 디자이너가 되고 싶다. 그것이 정말 멋져 보이기
때문에 나는 그 직업이 좋다! 그래서 나는 Susan에게
이메일을 보냈다. 그녀는 정말 성공한 헤어 디자이너이다.
그녀는 사람들의 머리를 아주 잘 자른다. 이메일에서, 나는
그녀에게 그 직업에 대해 많은 질문을 했다. 나는 그녀가 내
이메일에 곧 답장을 하기를 바란다. 그것은 나를 행복하게 할
것이다.

   ▶ hair stylist 헤어 디자이너, 미용사 cool 멋진 successful 성공한

3

1 O 2 X, cheerfully → cheerful 3 X, to her bedroom
→ her bedroom 4 X, sent to → sent 5 X, to → for
6 O 7 X, to go → go 8 X, to sing → sing[singing]

Chapter 2
시제

UNIT 1 현재, 과거, 미래시제 p. 22

A

우리는 조용한 지역에 산다.
더운 공기는 찬 공기보다 더 가볍다.
Jina는 매일 아침 7시에 일어난다.

Grammar Tips
그 비행기는 11시 30분에 이륙한다.

Check-up

1 is 2 moves 3 read

B

나는 어제 영어 단어 100개를 외웠다.
Jason은 지난주에 그의 새 스마트폰을 잃어버렸다.

Check-up

1 had a stomachache
2 discovered a new planet
3 bought a coke

C

1 우리 언니는 내년에 고등학교를 졸업할 것이다.
   나는 건강해지기 위해 요가 수업을 들을 것이다.
   내가 5분 후에 너에게 다시 전화할게.
2 하늘이 맑다. 온종일 화창할 것이다.
   그녀는 테니스 동호회에 가입할 것이다.

Grammar Tips
나는 지금 은행으로 가고 있다.
나는 오늘 오후에 쿠키를 구울 것이다.

Check-up

1 The flight is going to arrive in Jeju at 4 o'clock.
2 They will go to the bookstore tomorrow morning.
3 I am going to volunteer at a hospital during this vacation.

D

1 우산을 가져가자. 지금 비가 심하게 내리고 있어.
2 내가 집에 왔을 때, 우리 아버지는 부엌에서 요리하고 계셨다.

More Grammar
그녀는 새 수영복을 원한다.

Grammar Tips
나는 내일 떠날 것이다.
그녀는 요즘 스페인어를 공부하고 있다.
그는 아침을 먹는 중이다.
우리는 좋은 시간을 보내고 있다.

Check-up

1 She is booking
2 The boy was throwing
3 We have

UNIT 2 현재완료시제 p. 24

A

나는 이미 숙제를 다 했다.
그는 3년간 이 마을에 살아왔다.
1 그들은 그 프로젝트를 아직 끝내지 않았다.
   그녀는 그 영화를 본 적이 없다.
2 이집트로 여행을 가 봤니? - 응, 가봤어. / 아니, 안 가봤어.
   그는 그 책을 반납했니? - 응, 반납했어. / 아니, 반납하지 않았어.

More Grammar
나는 어렸을 때 피아노를 쳤다.
나는 어렸을 때부터 피아노를 쳐왔다.

Check-up

1 heard 2 studied 3 have not[haven't] 4 kept
5 did not[didn't] cook

B

1 나는 이미 그 잡지를 읽었다.
   그녀는 아직 답장을 보내지 않았다.
2 Stella는 수업에 빠진 적이 한 번도 없다.
   너는 전에 멕시코 음식을 먹어본 적이 있니?
3 Brian은 지난달 이래로 계속 서울에 있어왔다.
   나는 오랫동안 그녀를 알아왔다.
4 그녀는 그녀의 귀걸이를 잃어버렸다. (그녀는 지금 그것들을 갖고 있지 않다.)

나는 너의 집 주소를 잊어버렸다. (나는 지금 너의 집 주소를 모른다.)

More Grammar

그는 뉴질랜드에 가본 적이 있다.
그는 뉴질랜드로 가버렸다. (그는 지금 여기에 없다.)

Check-up

1 haven't sent   2 Have you been to   3 have lived
4 has sold

내신 적중 테스트

1 ②   2 ③   3 ③   4 ③   5 will 또는 is going to
6 left   7 ①   8 is playing   9 has not[never] won
10 have gone to   11 ③   12 ④   13 ②   14 ⑤
15 ⑤   16 ⑤   17 ④   18 ④   19 ①   20 I have
not[haven't] made   21 will be   22 has helped
23 ③   24 ③   25 ③

1 과거를 나타내는 부사구(~ ago)가 있으므로 과거시제를 쓴다.
　▶ a couple of 두서너 개의, 몇 개의

2 have been to(~에 가본 적이 있다)의 의문문이므로 been이 알맞다.
　▶ classical 클래식의 recently 최근에

3 전화를 건 시점이 과거이고 빈칸 뒤에 -ing가 있으므로 과거진행시제를 쓴다.

4 now가 있으므로 현재시제를 쓴다. 소유의 뜻으로 쓰인 have는 진행형으로 쓸 수 없다.
　▶ own ~ 자신의

5 미래시제를 나타낼 때는 will과 be going to 둘 중 하나만 쓴다.
　▶ advice 충고

6 과거를 나타내는 부사구(last Sunday)가 있으므로 과거시제를 쓴다.

7 ①은 「be going to+명사」로 '~로 가고 있다(현재진행시제)'의 의미이고, 나머지는 모두 「be going to+동사」로 '~할 것이다(미래시제)'의 의미이다.
　▶ job interview 구직 면접 attend 참석하다

8 현재 진행 중인 일이므로 현재진행시제로 쓴다.

9 '~한 적이 없다'는 have/has not[never] v-ed로 쓴다.

10 '~에 가버렸다(그 결과 여기에 없다)'는 have/has gone to로 쓴다.
　▶ on vacation 휴가로

11 ① → wasn't ② → am having ④ → will[is going to] stay ⑤ → forgot

12 ④ → graduated, 과거를 나타내는 부사구(last year)가 있으므로 과거시제를 쓴다.

13 ② → will[is going to] rain, next week가 있으므로 미래시제를 쓴다.
　▶ refund 환불 complain 불평하다

14 • 과거를 나타내는 부사(yesterday)가 있으므로 과거시제를 쓴다.
　• since 2010이 2010년부터 현재까지 계속되는 일을 나타내므로 현재완료시제를 쓴다.

15 • 변하지 않는 진리를 나타낼 때는 현재시제를 쓴다.
　• a week from today(오늘부터 일주일 뒤)가 있으므로 미래시제를 쓴다.

16 현재완료시제로 물었으므로 Yes, they have. 또는 No, they haven't.로 답한다.

17 '완료'를 나타내는 현재완료시제를 쓴다.

18 ④ is owning → owns, 소유를 나타내는 동사 own은 진행형으로 쓰지 않는다.
　▶ repairman 수리공

19 ① was → is 또는 now 삭제, now는 현재의 일을 나타내므로 과거진행시제와 같이 쓸 수 없다.
　▶ transfer 전학 가다

20 현재완료의 부정문은 have/has not v-ed 또는 줄여서 haven't/hasn't v-ed로 쓴다.

21 tomorrow night이 미래를 나타내므로 미래시제를 쓴다.
　▶ crowded 붐비는

22 수년 전부터 지금까지 가난한 사람들을 도와온 것이므로 현재완료시제를 쓴다.

23 ③은 과거부터 현재까지의 '경험'을 나타내고 있으나, 나머지는 모두 과거의 일이 현재까지 '계속'되고 있음을 나타낸다.
　▶ Singapore 싱가포르

24 ③은 진행 중인 일을 나타내고 있으나, 나머지는 모두 가까운 미래의 일을 나타낸다.
　▶ countryside 시골 지역

25 보기와 ③은 과거부터 현재까지의 '경험'을 나타낸다. ①과 ④는 '완료'를, ②는 '결과'를, ⑤는 '계속'을 나타낸다.
　▶ sign up for (수업 등을) 신청하다

서술형 내공 Up

A 1 He is going to go to a science high school.
　2 She was playing games all day long.
　3 They have made a lot of money since last year.

B 1 skip dinner
　2 broke down three days ago
　3 Has she ever complained

C 1 will go to bed early
　2 will study hard
　3 will save money

D 1 has just finished
　2 hasn't finished, yet

5

E **1** They are watching a movie on TV.
2 he has watched it before
3 He is going to take a nap.

A **1** 미래의 일이므로 be going to 또는 will로 나타낸다.
2 과거에 진행 중이었던 일은 과거진행시제로 나타낸다.
3 작년부터 계속 많은 돈을 벌어온 것이므로 현재완료시제를 쓴다.

B **1** 반복되는 일이나 습관은 현재시제로 나타낸다.
▸ skip 건너뛰다 lose weight 체중을 줄이다
2 3일 전의 일이므로 과거시제를 쓴다.
▸ break down 고장 나다
3 경험을 나타내는 현재완료시제를 쓴다.

C **1-3** 미래의 일은 「will+동사원형」으로 나타낼 수 있다.
▸ oversleep 늦잠 자다 waste 낭비하다

D **1** 현재완료시제와 just를 써서 과거에 시작된 일이 방금 완료되었음을 나타낸다.
2 현재완료시제의 부정문과 yet을 써서 과거에 시작된 일이 아직 완료되지 않았음을 나타낸다.

E **1** 현재 진행 중인 일은 현재진행시제를 쓴다.
2 과거부터 현재까지의 경험을 나타낼 때 현재완료시제를 쓴다.
3 앞으로 할 예정인 일은 「be going to+동사원형」으로 쓸 수 있다.

> 일요일 오후이다. 나는 부모님과 함께 집에 있다. 그들은 TV로 영화를 보고 계시다. 하지만 나는 전에 그것을 본 적이 있기 때문에 그것을 보고 있지 않다. 나는 낮잠을 잘 것이다.

▸ take a nap 낮잠을 자다

문법정리 OX

p. 30

1 X, lived → live **2** X, fall → fell **3** X, will going to → will[are going to] **4** X, are wanting → want **5** O
6 X, know → have known **7** X, didn't have → has not[hasn't] **8** X, Have → Has

Chapter 3
to부정사, 동명사, 분사

UNIT 1 to부정사
p. 32

A

1 우리 개와 함께 산책하는 것은 재미있다.
2 우리는 오전 10시에 도착하기를 기대한다.
그는 거짓말을 하지 않겠다고 약속했다.
3 그녀의 직업은 학생들에게 영어를 가르치는 것이다.
내 목표는 야구 선수가 되는 것이다.
4 우리는 어디로 소풍을 가야 할지 논의했다.
저에게 가장 가까운 지하철역으로 가는 방법을 알려주시겠습니까?

More Grammar
그 음식은 내가 먹기에 너무 매웠다.
내 책에 주스를 엎지르다니 그는 조심성이 없었다.

Check-up
1 want to go **2** of Dan to be late **3** how to drive
4 not to talk

B

나는 써야 할 에세이가 하나 있다.
Jason은 마실 시원한 것을 주문했다.

More Grammar
나는 함께 공부할 사람을 찾고 있다.

Check-up
1 to give **2** to sit on[in] **3** to finish

C

거기에 일찍 도착하기 위해 버스를 타라.
Sue는 그 시험을 통과해서 기뻤다.
Tom은 자라서 유명한 영화감독이 되었다.
거기에 혼자서 가다니 그녀는 용감한 것이 틀림없다.
Kate가 한국어를 말하는 것을 들으면 너는 놀랄 것이다.
영어는 배우기가 쉽지 않다.

More Grammar
그는 오늘 출근을 하기에는 너무 아프다. / 그는 너무 아파서 오늘 출근할 수 없다.
그는 프로 축구 선수가 될 만큼 충분히 잘한다.

Check-up
1 나는 그를 파리에서 다시 만나서 기뻤다.
2 Ellen은 덩크슛을 할 만큼 충분히 키가 크다.

UNIT 2 동명사와 분사 p. 34

A

새 친구들을 사귀는 것은 신나는 일이다.
여기에서 담배를 피우지 말아 주시겠습니까?
내가 가장 좋아하는 활동은 사진을 찍는 것이다.

Grammar Tips
그녀는 탁구를 잘한다.

Check-up
1 designing[to design], 그의 직업은 신발을 디자인하는 것이다.
2 going, 우리 아빠는 낚시하러 가는 것을 즐기신다.
3 taking, Ken은 낮잠을 자고 싶었다.
4 blaming, 다른 사람들을 탓해도 소용없다.

B

1 Cindy는 시트콤 보는 것을 즐긴다.
2 내 여동생은 시험에서 좋은 성적을 받기를 원한다.
3 Ted는 요리하는 것을 아주 좋아한다.
   나는 내가 아이였을 때 저 책을 읽었던 것을 기억한다.
   나갈 때 쓰레기 내다 버리는 것을 기억해라.
   그는 그녀와 함께 콘서트에 갔던 것을 절대로 잊지 않을 것이다.
   Yuri는 숙제할 것을 잊었다.
   우리는 치킨 카레를 만들어 보려고 했으나, 그것을 태워버렸다.
   내 사촌은 스페인어를 배우려고 노력했지만, 그것은 너무 어려웠다.

Grammar Tips
제발 네 휴대 전화 보는 것을 멈추어라.
Sharon은 신발끈을 묶기 위해 멈추었다.

Check-up
1 eating 2 to waste 3 meeting

C

1 John은 나에게 흥미로운 이야기를 해주었다.
   Patty는 그녀의 시험에 대해 걱정했다.
   나는 그 아이가 혼자 앉아 있는 것을 발견했다.
2 나는 몇몇 충격적인 소식을 들었다.
   자고 있는 아기를 봐라.
   관객들은 지루해졌다.
   이 고장 난 프린터를 고쳐주실 수 있습니까?

More Grammar
그는 책을 읽고 있다.
내 취미 중 하나는 책을 읽는 것이다.
달리고 있는 소년
달리기 위한 신발(운동화)

Grammar Tips
그녀는 나에게 독일에서 만들어진 초콜릿 몇 개를 주었다.

Check-up
1 내 숙제는 영어로 써진 책 한 권을 읽는 것이다.
2 그는 그의 실수를 생각하며 앉아 있었다.
3 Mike는 자신의 도둑맞은 자전거를 발견했다.

내신 적중 테스트 p. 36

1 ④ 2 ⑤ 3 ④ 4 ⑤ 5 ③ 6 what to prepare
7 for him to do 8 ③ 9 ④ 10 ② 11 ①
12 Let's buy something light to eat at night.
13 Amy is old enough to go on the rides. 14 ⑤
15 ② 16 ③ 17 ② 18 ③ 19 ⑤ 20 don't
feel like eating 21 forget traveling to India
22 ④ 23 ③ 24 ⑤ 25 ③

1 It은 가주어, to watch 이하가 진주어이다.
2 be busy v-ing: ~하느라 바쁘다
3 write with a pen이므로 전치사 with가 필요하다.
4 사람의 성격이나 태도를 나타내는 형용사(thoughtful)와 함께 쓰인 to부정사의 의미상 주어는 「of+목적격」으로 쓴다.
   ▶ thoughtful 사려 깊은 thank-you card 감사 카드
5 mind는 동명사를 목적어로 취한다.
   ▶ turn down (소리 등을) 낮추다
6 what to-v: 무엇을 ~할지
7 too ~ to-v: …하기에 너무 ~하다, to부정사의 의미상 주어는 보통 「for+목적격」으로 쓴다.
8 ③은 to부정사의 형용사적 용법, 나머지는 모두 명사적 용법
   ▶ in person 직접
9 ④는 to부정사의 명사적 용법, 나머지는 모두 부사적 용법
   ▶ dive 다이빙하다 stop by ~에 잠시 들르다
   grocery store 식료품점
10 ②는 주어 역할을 하는 동명사, 나머지는 모두 현재분사
   ▶ yell 소리치다
11 보기와 ①은 to부정사의 형용사적 용법, ②, ⑤는 부사적 용법, ③, ④는 명사적 용법
   ▶ decorate 장식하다 explain 설명하다 memorize 암기하다
12 -thing으로 끝나는 대명사를 형용사와 to부정사가 같이 수식할 경우에는 「-thing+형용사+to-v」의 어순으로 쓴다.
13 ~ enough to-v: …할 만큼 충분히 ~하다
   ▶ go on the rides 놀이기구를 타다
14 decide는 to부정사를 목적어로 취한다.
15 keep은 동명사를 목적어로 취한다.
16 remember v-ing: (과거에) ~했던 것을 기억하다
   ▶ pay ~ back (빌린 돈을) 갚다
17 try to-v: ~하려고 노력하다
18 can't help v-ing: ~하지 않을 수 없다
19 '지어진'이라는 수동의 의미는 과거분사로 나타내며, 수식어구가 함께 쓰인 분사는 명사를 뒤에서 수식한다.
   ▶ castle 성 century 세기, 100년

20 feel like v-ing: ~하고 싶다
21 forget v-ing: (과거에) ~했던 것을 잊다
  ▶ India 인도
22 '~한 감정을 일으키는'이라는 능동의 의미는 현재분사, '~한 감정을 느끼게 되는'이라는 수동의 의미는 과거분사로 쓴다.
  ▶ seem ~인 것 같다
23 '~한 감정을 느끼게 되는'이라는 수동의 의미는 과거분사, '~한 감정을 일으키는'이라는 능동의 의미는 현재분사로 쓴다.
24 ① Study → Studying   ② being not → not being
  ③ to eating → eating[to eat]   ④ arrive → arriving
  ▶ pastime 취미
25 ① meeting → to meet   ② to smoke → smoking
  ④ to practice → practicing   ⑤ getting → to get
  ▶ get off (차에서) 내리다

서술형 내공 Up p. 39

A 1 We were glad to have our own house.
  2 The restaurant is large enough to hold 50 people.
  3 The boy dancing on the stage is my cousin.

B 1 stop reading books
  2 is good at taking pictures
  3 nice of him to carry

C 1 where I should put
  2 so hot that, can't play

D 1 not[never] to be late
  2 drinking soft drinks

E ⓐ → how to help   ⓑ → to help   ⓒ → Donating[To donate]   ⓓ → helping

A 1 to부정사가 감정의 원인을 나타내는 부사적 용법으로 쓰였다.
  2 ~ enough to-v: …할 만큼 충분히 ~하다
    ▶ hold (사람을) 수용하다
  3 분사구(dancing on the stage)가 명사(The boy)를 뒤에서 수식한다.

B 1 stop v-ing: ~하는 것을 멈추다
    ▶ low 낮은 light 빛
  2 전치사의 목적어로는 동명사가 와야 한다.
  3 사람의 성격이나 태도를 나타내는 형용사(nice)와 함께 쓰이는 to부정사의 의미상 주어는 「of+목적격」으로 쓴다.

C 1 where to-v는 「where+주어+should+동사원형」으로 바꿔 쓸 수 있다.
  2 too ~ to-v는 「so ~ that+주어+can't …」로 바꿔 쓸 수 있다.

D 1 promise는 to부정사를 목적어로 취하며, to부정사의 부정은 앞에 not이나 never를 쓴다.
  2 avoid는 동명사를 목적어로 취한다.
    ▶ soft drink 청량음료

E ⓐ how to-v: 어떻게 ~할지
  ⓑ to부정사는 명사를 뒤에서 수식할 수 있다.
  ⓒ 동명사는 주어 역할을 할 수 있다. to부정사도 주어 역할을 할 수 있으나 보통 It ~ to-v의 형태로 쓴다.
  ⓓ enjoy는 동명사를 목적어로 취한다.

많은 사람들이 가난한 사람들을 돕는 방법을 궁금해합니다. 사실 그들을 도울 수 있는 많은 방법들이 있습니다. 돈을 기부하는 것이 한 가지 방법입니다. 당신은 당신의 재능을 기부할 수도 있습니다. 예를 들면, 당신은 가난한 아이들을 가르치거나 어르신들을 찾아뵙고 집안일을 해드릴 수 있습니다. 언젠가 당신은 다른 사람들을 돕는 것을 정말로 즐기게 될지도 모릅니다.

  ▶ wonder 궁금해하다 in need 궁핍한, 어려움에 처한
  donate 기부하다 talent 재능 elderly 연세가 드신
  chore 잡일, 집안일

문법정리 OX p. 40

1 X, for you → of you   2 X, play → play with   3 O
4 X, Get → Getting   5 X, to complain → complaining
6 X, going → to go   7 X, worn → wearing
8 X, embarrassing → embarrassed

Chapter 4
조동사

UNIT 1 조동사 1 p. 42

A
1 내일은 날씨가 화창할 것이다.
2 Jisu는 자전거를 아주 빠르게 탈 수 있다.
3 너는 경주에서 이길 수 있을 것이다.

Check-up

1 will attend 또는 must attend 또는 will have to attend
2 can solve

B

1 나는 그녀의 얼굴은 기억할 수 있지만, 그녀의 이름은 기억할 수 없다.
   너는 이탈리아 음식을 요리할 수 있니?
   그는 빠르게 달릴 수 있었다.
   우리는 그것을 내일 배달할 수 있을 것이다.
2 너는 언제든 집에 가도 된다.
   제가 텔레비전 채널을 바꿔도 될까요?
3 저에게 가장 가까운 버스 정류장을 알려 주시겠어요?

Check-up

1 could[was able to] travel   2 cannot[can't] leave
3 Can[Could] you give   4 will be able to check in

C

1 한동안 제 전화기를 쓰셔도 됩니다.
   그 그림들을 만져서는 안 됩니다.
   무언가에 대해 얘기 좀 해도 될까요?
2 그 여배우는 곧 한국을 방문할지도 모른다.
   이번 주말에 비가 내리지 않을지도 모른다.
   이 질문은 학생들에게 어려울지도 모른다.

Check-up

1 May, go   2 may not eat   3 may not watch
4 may fail

D

1 내 사촌은 내년에 초등학교에 들어갈 것이다.
   그 아이들은 낮잠을 잘 것이지만, 나는 자지 않을 것이다.
   너는 내일 소풍을 갈 거니?
2 저에게 물 한 잔을 가져다주시겠어요?

Check-up

1 will be   2 won't break   3 Will[Would], pass
4 won't buy   5 will wait for

UNIT 2 조동사 2   p. 44

A

1 너는 금요일까지 네 숙제를 제출해야 한다.
   너는 여동생과 싸워서는 안 된다.
2 저 남자는 일본어를 아주 잘한다. 그는 일본인임이 틀림없다.
   그녀는 피자 다섯 조각을 먹었다. 그녀는 아직도 배가 고플 리가 없다.

Check-up

1 can't be   2 must not cheat   3 must know

B

너는 실내에 머물러야 한다.
나는 은행에 갈 필요가 없다.
그녀는 암호를 바꿔야 합니까?
우리는 어제 일찍 일어나야 했다.
그는 두 시간 동안 기다려야 할 것이다.

Check-up

1 You don't have to hide   2 He has to do
3 Do you have to go   4 She had to buy
5 They will have to change

C

너는 내일 수업을 준비해야 한다.
사람들은 물을 낭비해서는 안 된다.
제가 소풍을 갈 때 교복을 입어야 하나요?

Check-up

1 should not talk   2 should warm up
3 Should I apologize

D

너는 휴식을 취하는 게 좋겠다.
너는 내게 거짓말을 하지 않는 게 좋겠다.

Check-up

1 go   2 had better not   3 change

E

나는 동물원에 가고 싶다.
마실 것을 주문하시겠습니까?

Check-up

1 I would[I'd] like to speak
2 Would you like to try on
3 We would[We'd] like to know

내신 적중 테스트   p. 46

1 ④   2 ⑤   3 ②   4 ④   5 Sam will have to turn in the report by noon.   6 You had better not take the subway.   7 Would you like to have a cup of tea?   8 will be able to get   9 had to show
10 ③   11 ②   12 ②   13 ③   14 ②   15 ④   16 ⑤
17 ⑤   18 ③   19 ③   20 ①   21 ②   22 ③
23 may not   24 must be   25 will not

1 be able to(~할 수 있다)의 과거형은 was/were able to이다.

  ▶ on time 제시간에

2 '~할 필요가 없다'란 의미의 don't have to가 알맞다.

3 '~일 리가 없다'란 의미의 can't가 알맞다.

4 '~하는 게 좋겠다'란 의미의 had better가 알맞다.

5 강한 의무를 나타내는 must의 미래는 will have to로 나타낸다.

  ▶ turn in ~을 제출하다

6 had better의 부정형은 had better not이다.

7 Would you like to-v ~?: ~하시겠어요?

8 능력을 나타내는 can의 미래는 be able to를 이용하여 will be able to로 쓴다.

9 강한 의무를 나타내는 must의 과거는 have to를 이용하여 had to로 쓴다.

  ▶ ID 신분증(identification)

10 '~할 것이다'란 의미의 will이 알맞다.

11 '~해도 된다'란 의미의 may가 알맞다.

  ▶ copy 베끼다 passport 여권

12 '~하고 싶다'는 would like to로 표현한다.

13 ③ may will → may[will], 조동사는 두 개 이상 연달아 쓸 수 없다.

  ▶ personal 개인적인

14 ② have to → has to, 조동사 have to는 주어가 3인칭 단수일 때 has to로 쓴다.

  ▶ give a hand 돕다 suitcase 여행 가방

15 ④ has better → had better, had better의 형태는 주어의 인칭과 수에 영향을 받지 않는다.

  ▶ manager 관리자 kick 차다 seat 좌석

16 ⑤에서 may는 '허가'의 의미이고, might는 '불확실한 추측'의 의미이다.

  ▶ suit 정장

17 shouldn't, must not, cannot, may not은 모두 '~해서는 안 된다'의 의미이다.

  ▶ take off 이륙하다

18 Will/Can/Would you ~?: ~해 주시겠어요?, Should you ~?: ~해야 하나요?

19 ③은 '허가'의 의미, 나머지는 모두 '불확실한 추측'의 의미

  ▶ win the lottery 복권에 당첨되다

20 ①은 '~일 리가 없다'의 의미, 나머지는 모두 '~할 수 없다'의 의미

21 ②는 '~임이 틀림없다'의 의미, 나머지는 모두 '~해야 한다'의 의미

  ▶ take care of ~을 돌보다

22 보기와 ③은 '허가'의 의미, ①, ④, ⑤는 '능력', ②는 '요청'의 의미

  ▶ sheet (종이) 한 장

23 '불확실한 추측'을 나타내는 may를 쓴다. may의 부정은 may not이다.

  ▶ agree with ~에 동의하다

24 '강한 추측'을 나타내는 must를 쓴다. '실망하다'는 be disappointed로 나타낸다.

25 '의지'를 나타내는 will을 쓴다. will의 부정은 will not이다.

서술형 내공 Up

p. 49

A 1 She will win a gold medal at the Olympics.
  2 He might join us later.
  3 Should I take the medicine every day?

B 1 Could you give me
  2 must be very rich
  3 We had better not take

C 1 I will have to check my schedule.
  2 Mr. Kim doesn't have to attend the seminar.

D 1 must not[mustn't] bring
  2 should not[shouldn't] drive

E ⓐ → I couldn't[wasn't able to] go to school
  ⓑ → you will be able to study 또는 you can study

A 1 will: ~할 것이다
  2 might: ~할지도 모른다
  3 should: ~해야 한다

B 1 Could you ~?: ~해 주시겠어요?
  2 must: ~임이 틀림없다
  3 had better not: ~하지 않는 게 좋겠다

C 1 '~해야 할 것이다'는 will have to로 표현한다.

  ▶ schedule 일정, 스케줄

  2 '~할 필요가 없다'는 don't/doesn't have to로 표현한다.

  ▶ seminar 세미나, 연구회

D 1 must not: ~하면 안 된다
  2 should not: ~하면 안 된다

E ⓐ 과거에 아팠기 때문에 학교에 갈 수 없었던 것이므로 can't의 과거형인 couldn't 또는 wasn't/weren't able to를 쓴다.
  ⓑ 조동사 will과 can은 함께 쓸 수 없으므로 can 대신 be able to를 쓰거나 will을 삭제한다. 문맥상 can을 삭제하고 you will study로 쓰는 것은 어색하다.

Kate: 나는 아파서 학교에 갈 수 없었어. 오늘 수업을 놓쳤어.
Mike: 내가 내일 너에게 내 공책을 빌려줄게. 그 방법으로, 너는 오늘 수업을 공부할 수 있을 거야[공부할 수 있어].
Kate: 정말 고마워!

  ▶ way 방법

문법정리.OX

1 X, takes → take **2** X, can → could[were able to] **3** X, May → Can[Could] **4** O **5** X, must don't → must not[mustn't] **6** X, Is → Does **7** X, had not better → had better not **8** O

Chapter 5
수동태

UNIT 1 수동태의 기본

p. 52

A

수백만 명의 사람들이 매년 영화를 관람한다.
영화는 매년 수백만 명의 사람들에 의해 관람된다.

Check-up

1 Uniforms are worn by each team.
2 Homework is given by my teacher
3 Science is taught by Ms. Park.
4 This beach is visited by many people

B

1 모든 학생들이 Mike를 사랑했다.
　→ Mike는 모든 학생들에 의해 사랑받았다.
2 경찰이 그 집을 수색할 것이다.
　→ 그 집은 경찰에 의해 수색을 받을 것이다.
3 우리 삼촌이 그 차를 운전하고 있다.
　→ 그 차는 우리 삼촌에 의해 운전되고 있다.

Check-up

1 was written by John
2 is being prepared by a famous chef
3 will be coached by my dad
4 were grown by a local farmer

C

1 이 기사는 전문가에 의해 쓰이지 않았다.
　그 사진들은 Amanda에 의해 찍히지 않았다.
2 그는 의사에게서 진찰을 받았니?
　그 쿠키들은 너희 어머니에 의해 구워졌니?

3 그 접시들은 George에 의해 설거지되어야 한다.
　그 소년은 부모님에게 벌을 받을지도 모른다.

Check-up

1 I was not[wasn't] impressed by the performance.
2 The answers were not[weren't] explained by the teacher.
3 Were you moved by Mr. Johnson's speech?
4 The traffic rules must be followed by everyone.

UNIT 2 주의해야 할 수동태

p. 54

A

1 이상한 일이 일어났다.
2 Junho는 많은 반려동물을 가지고 있다.

Check-up

1 disappeared 2 fit 3 Jane has a fever.

B

미국에 계시는 우리 이모가 내 남동생을 돌보셨다.
→ 내 남동생은 미국에 계시는 우리 이모에 의해 돌봐졌다.

Check-up

1 A deer was run over by a car.
2 Mr. Lee is looked up to by many students.

C

피자는 세계 모든 곳에서 먹어진다.
그 자전거는 빗속에 남겨져 있었다.
많은 손목시계가 스위스에서 만들어진다.

Check-up

1 were planted 2 will be held 3 must be delivered

D

백화점은 사람들로 가득 차 있었다.
코치는 그의 팀의 승리에 기뻤다.

Grammar Tips

그 여배우는 우리 학교에 있는 모두에게 알려져 있었다.
그녀는 매력적인 목소리로 유명하다.
그는 화가로서 알려져 있었다.
그 집은 벽돌로 만들어졌다.
와인은 포도로 만들어진다.

Check-up

1 from 2 as 3 about 4 in 5 at

1 ⑤ 2 ③ 3 ③ 4 ① 5 ⑤ 6 ④ 7 ③

8 was written   9 is interested in   10 ④   11 ②

12 ④   13 Was the building built   14 is being

repaired   15 was not broken by Jake   16 ②

17 ③   18 ③   19 Suddenly, a fox appeared in

front of our car.   20 ③   21 ②   22 ⑤   23 ①

24 was taken care of by the manager   25 were

pleased with the news

1 수동태: be동사+v-ed(+by+행위자)
  ▶ robber 강도

2 조동사의 수동태: 조동사+be v-ed(+by+행위자)

3 수동태의 진행시제: be동사+being v-ed(+by+행위자)

4 be satisfied with: ~에 만족하다

5 must를 쓸 경우에는 뒤에 be treated가 와야 한다.
  ▶ patient 환자 treat 치료하다

6 빈칸 뒤가 be동사의 원형이므로 빈칸에는 조동사만 쓸 수 있다.

7 동사구는 수동태로 바꿀 때 하나의 동사처럼 취급한다.

8 소설은 '써지는' 것이므로 수동태가 되어야 한다.

9 be interested in: ~에 흥미가 있다

10 수동태의 미래시제: will be v-ed(+by+행위자)

11 수동태의 과거시제: be동사의 과거형+v-ed(+by+행위자)

12 동사구는 수동태로 바꿀 때 하나의 동사처럼 취급한다.

13 수동태의 의문문: be동사+주어+v-ed(+by+행위자)?

14 수동태의 진행시제: be동사+being v-ed(+by+행위자)
  ▶ repair 수리하다

15 수동태의 부정문: be동사+not v-ed(+by+행위자)
  ▶ break 깨다

16 조동사의 수동태: 조동사+be v-ed(+by+행위자)

17 • be known to: ~에게 알려져 있다
   • look up to: ~을 존경하다

18 ③ → with, be filled with: ~로 가득 차다

19 자동사(appear)는 수동태로 쓰지 않는다.

20 ③ give → given, 수동태의 미래시제: will be v-ed(+by+
   행위자)
  ▶ Germany 독일 refrigerator 냉장고 lecture 강의

21 ② The treasure was had by someone. → Someone
   had the treasure., 소유를 나타내는 타동사(have)는
   수동태로 쓰지 않는다.
  ▶ treasure 보물 magician 마술사

22 ⑤ finished → be finished, 조동사의 수동태: 조동사+be
   v-ed(+by+행위자)
  ▶ feed 먹이를 주다 project 프로젝트, 연구 과제

23 상태를 나타내는 타동사(resemble)는 수동태로 쓰지 않는다.

24 동사구는 수동태로 바꿀 때 하나의 동사처럼 취급한다.

25 be pleased with: ~에 기뻐하다

A 1 The area is known for its plums.
  2 The campaign was not organized by us.
  3 Were the 2012 Olympics held in London?

B 1 will be sent
  2 was laughed at
  3 should be emailed

C 1 Some great music was written by Mr. Brown.
  2 The pizza is being delivered by a handsome
    guy.
  3 Her feelings may be hurt by your rude
    behavior.

D 1 is covered with chocolate syrup
  2 are filled with ice
  3 is made of wood

E ⓐ is used ⓑ is spoken ⓒ are sung ⓓ are
  read

A 1 be known for: ~로 유명하다
   ▶ area 지역 plum 자두
  2 수동태의 부정문: be동사+not v-ed(+by+행위자)
   ▶ campaign 캠페인 organize 준비하다, 계획하다
  3 수동태의 의문문: be동사+주어+v-ed(+by+행위자)?

B 1 수동태의 미래시제: will be v-ed(+by+행위자)
  2 동사구는 수동태로 바꿀 때 하나의 동사처럼 취급한다.
  3 조동사의 수동태: 조동사+be v-ed(+by+행위자)

C 1 수동태의 과거시제: be동사의 과거형+v-ed(+by+행위자)
  2 수동태의 진행시제: be동사+being v-ed(+by+행위자)
  3 조동사의 수동태: 조동사+be v-ed(+by+행위자)
   ▶ behavior 행동 hurt 다치게 하다

D 1 be covered with: ~로 덮여 있다
  2 be filled with: ~로 가득 차다
  3 be made of: ~로 만들어지다(물리적 변화)
   ▶ wood 나무, 목재

E ⓐ 영어가 '사용되는' 것이므로 use를 수동태로 쓴다.
  ⓑ 영어가 '말해지는' 것이므로 speak를 수동태로 쓴다.
  ⓒ 영어 노래들이 '불려지는' 것이므로 sing을 수동태로 쓴다.
  ⓓ 영어책들이 '읽히는' 것이므로 read를 수동태로 쓴다.

영어는 많은 나라에서 사용된다. 전 세계에서 영어가
말해지고, 영어 노래들이 불려지고, 영어책들이 읽힌다.
영어는 진정으로 세계어이다!

  ▶ truly 진정으로 global 세계적인

1 X, stole → was stolen **2** X, being → is being **3** X, didn't → wasn't **4** O **5** X, will delivered → will be delivered **6** X, was happened → happened **7** O **8** X, known → known as

Chapter 6
관계사

UNIT 1 관계사 1   p. 62

A

나는 남동생이 있다. + 그는 농구를 좋아한다.

→ 나는 남동생이 있고 그는 농구를 좋아한다.

→ 나는 농구를 좋아하는 남동생이 있다.

Check-up

1 I know a girl whose name is Grace.
2 I heard a song that I like.
3 The man whom I met yesterday was very kind.

B

나는 키가 아주 큰 여자를 만났다.

← 나는 여자를 만났다. + 그녀는 키가 아주 컸다.

이 선생님은 많은 사람들이 존경하는 과학자이다.

← 이 선생님은 과학자이다. + 많은 사람들이 그녀를 존경한다.

나는 옷이 더러운 남자를 보았다.

← 나는 한 남자를 보았다. + 그의 옷은 더러웠다.

Grammar Tips

창문이 열려 있는 집이 몇 채 있다.

Check-up

1 who are wearing red shirts
2 an animal whose neck is very long
3 who lives in France
4 who(m) my friends like

C

이 동물원에 사는 원숭이들은 아주 인기 있다.

이것은 내가 아버지와 함께 심은 나무이다.

Check-up

1 which her father had bought for her
2 which was released yesterday

D

아이스크림을 파는 남자는 나의 삼촌이다.

이것은 아무도 풀 수 없는 문제이다.

Grammar Tips

나는 옆집에 사는 노부인과 그녀의 강아지를 만났다.

그들은 그들이 필요한 모든 것을 샀다.

그것은 작년에 만들어진 가장 빠른 자동차이다.

Check-up

1 the dish that was served
2 a shirt that my sister gave me
3 a man and a tiger that have an adventure

UNIT 2 관계사 2   p. 64

A

내가 오늘 아침에 요리한 것은 스파게티였다.

그것이 내가 말하고 싶었던 것이다.

Check-up

1 what the teacher said
2 What I need

B

1 나는 네가 언급했던 그 사람을 안다.

나는 우리가 함께 보았던 그 영화를 좋아한다.

이곳이 Jinho가 지내는 장소이다.

← 이곳은 장소이다. + Jinho는 이 장소에서 지낸다.

2 갈색 재킷을 입고 있는 사람은 나의 아빠이다.

나는 일본에서 만들어진 노트북 컴퓨터를 가지고 있다.

Check-up

1 whom 2 that is 3 X 4 which

C

1 나는 내가 처음으로 그를 보았던 그날을 절대 잊지 못할 것이다.

← 나는 그날을 절대 잊지 못할 것이다. + 나는 그날 처음으로 그를 보았다.

봄은 날씨가 따뜻해지는 때이다.

2 우리는 모차르트가 살던 집을 방문했다.

← 우리는 집을 방문했다. + 모차르트는 그 집에 살았다.

이곳은 우리가 함께 농구를 했던 장소이다.

3 나는 그녀가 나를 떠난 이유를 안다.

← 나는 이유를 안다. + 그녀는 그 이유로 나를 떠났다.
너는 Tom이 결석한 이유를 아니?

4 이것이 내가 그 수학 문제를 푼 방법이다.
← 이것은 방법이다. + 나는 그 방법으로 그 수학 문제를
풀었다.
나는 그들을 설득할 수 있는 방법을 모른다.

Check-up
1 where   2 how   3 when   4 why

내신 적중 테스트
p. 66

1 ①   2 ④   3 ⑤   4 ③   5 which[that]   6 whose
7 how   8 ②   9 ③   10 where   11 the way
12 ③   13 ④   14 ③   15 ③   16 ②   17 ③   18 ⑤
19 ⑤   20 X   21 who was   22 ④   23 ①
24 ②   25 it → it 삭제

1 선행사가 사람이고 관계사절에서 주어 역할을 해야 하므로 주격
관계대명사 who를 쓴다.
▶ stairs 계단

2 선행사가 때를 나타내고 관계사절에서 부사의 역할을 해야
하므로 관계부사 when을 쓴다.

3 선행사가 없으므로 선행사를 포함하는 관계대명사 what을 쓴다.
▶ tone of voice 목소리의 톤, 어조

4 선행사가 이유를 나타내고 관계사절에서 부사의 역할을
해야 하므로 관계부사 why를 쓴다.
▶ break one's promise 약속을 어기다

5 선행사가 사물이고 관계사절에서 목적어 역할을 해야 하므로
목적격 관계대명사 which 또는 that을 쓴다.

6 선행사가 관계사절에서 관계대명사 뒤에 오는 명사의 소유격
역할을 해야 하므로 소유격 관계대명사 whose를 쓴다.

7 선행사가 방법을 나타내고 관계사절에서 부사의 역할을 해야
하므로 관계부사 how가 와야 하는데, 선행사 the way와
관계부사 how는 같이 쓰지 않으므로 관계부사 how만 쓴다.
▶ chopsticks 젓가락

8 선행사가 없으므로 선행사를 포함하는 관계대명사 what을
쓴다.

9 선행사에 the only가 있거나 선행사가 -thing으로 끝나는
말일 때는 주로 관계대명사 that을 쓴다.

10 선행사가 장소를 나타내고 관계사절에서 부사의 역할을 해야
하므로 관계부사 where를 쓴다.

11 방법을 묻는 말이 빈칸에 와야 하고 관계사절에서 부사의
역할을 해야 하므로 관계부사 how 또는 그 선행사인 the
way를 쓴다.

12 목적격 관계대명사는 생략할 수 있지만 주격 관계대명사는
생략할 수 없다.

13 선행사가 사물이고 관계사절에서 목적어 역할을 해야 하므로
목적격 관계대명사 which를 쓴다.

14 선행사가 때를 나타내고 관계사절에서 부사의 역할을 해야

하므로 관계부사 when을 쓴다.

15 선행사가 사람이고 관계사절에서 주어 역할을 해야 하므로 주격
관계대명사 that을 쓴다.

16 ② → whose, 선행사가 관계사절에서 관계대명사 뒤에
오는 명사의 소유격 역할을 해야 하므로 소유격 관계대명사
whose를 쓴다.

17 ③ → how 삭제, the way와 how는 같이 쓸 수 없다.
▶ master 통달하다   Italian 이탈리아어

18 ⑤는 선행사가 때를 나타내므로 when, 나머지는 모두
선행사가 장소이므로 where
▶ Peru 페루

19 ⑤는 관계사절에 목적어가 없으므로 사람을 선행사로 하는
목적격 관계대명사 who(m) 또는 that, 나머지는 모두 소유격
관계대명사 whose

20 목적격 관계대명사는 보통 생략할 수 있지만, 전치사가
관계대명사 앞에 있는 경우에는 생략할 수 없다.
▶ Sweden 스웨덴

21 「주격 관계대명사+be동사」는 생략할 수 있다.

22 ・선행사가 없으므로 선행사를 포함하는 관계대명사 what을
쓴다.
・사람을 선행사로 하는 주격 관계대명사 who를 쓴다.
▶ clerk 점원, 직원

23 ・선행사에 최상급이 있을 때는 주로 관계대명사 that을 쓴다.
・선행사가 이유를 나타내므로 관계부사 why를 쓴다.
▶ hand in ~을 제출하다

24 ②는 의문사, 나머지는 모두 주격 관계대명사
▶ advertising 광고업   Chile 칠레

25 관계대명사가 선행사를 대신하므로 선행사를 지칭하는 대명사
it을 중복해서 쓰면 안 된다.
▶ cookbook 요리책

서술형 내공 Up
p. 69

A 1 that I'm reading now is boring
2 the store where you bought the sneakers
3 a restaurant whose service was great

B 1 what the boy says
2 how[the way] I got the tickets
3 some students (who[that] were) eating
snacks

C 1 Would you bring me the mug which[that] is
on the desk?
2 Look at the table whose legs are broken.
3 We went to a town where they make cheese.

D 1 who[that] has
2 whose hair

E ⓐ when   ⓑ the reason why   ⓒ what

A　**1** 선행사가 사물이므로 관계대명사 which 또는 that을 쓴다.

　　2 선행사가 장소를 나타내므로 관계부사 where를 쓴다.

　　▶ sneakers 스니커즈 운동화

　　3 선행사가 관계사절에서 관계대명사 뒤에 오는 명사의 소유격 역할을 해야 하므로 소유격 관계대명사 whose를 쓴다.

B　**1** 관계대명사 what은 선행사를 포함한다.

　　2 선행사 the way와 관계부사 how는 함께 쓸 수 없다.

　　3 선행사가 사람이므로 관계대명사 who 또는 that을 쓴다. 과자를 '먹고 있는 중'이므로 진행형으로 쓰며, 「주격 관계대명사+be동사」는 생략할 수 있다.

C　**1** 선행사가 사물이므로 주격 관계대명사 which 또는 that을 쓴다.

　　▶ mug 머그잔

　　2 선행사가 관계사절에서 관계대명사 뒤에 오는 명사의 소유격 역할을 해야 하므로 소유격 관계대명사 whose를 쓴다.

　　3 선행사가 장소를 나타내므로 관계부사 where를 쓴다.

D　**1** 선행사가 사람이고 관계사절에서 주어 역할을 해야 하므로 주격 관계대명사 who 또는 that을 쓴다.

　　2 선행사가 관계사절에서 관계대명사 뒤에 오는 명사의 소유격 역할을 해야 하므로 소유격 관계대명사 whose를 쓴다.

E　ⓐ선행사가 때를 나타내므로 관계부사 when을 쓴다.

　　ⓑ문맥상 이유를 나타내는 선행사 the reason과 관계부사 why를 쓴다.

　　ⓒ선행사를 포함하는 관계대명사 what을 쓴다.

　　A: 축하합니다! 남우주연상을 받으셨군요.
　　B: 감사합니다!
　　A: 당신의 이름이 호명되던 순간에 무슨 생각이 드셨나요?
　　B: 아무 생각도 안 들었어요. 그저 믿을 수가 없었죠.
　　A: 당신이 그 영화에서 연기하기로 결심한 이유를 말씀해 주시겠어요? 처음에는 거절하셨다고 들었어요.
　　B: 음, 감독님이 저를 설득하여 출연자로 합류하도록 했어요. 지금은 감독님께서 그렇게 해주신 것이 감사하죠.

　　▶ Congratulations! 축하합니다! moment 순간 refuse 거절하다 cast (연극이나 영화의) 출연자들 thankful 고맙게 생각하는

문법정리 OX
p. 70

1 X, whom → who[that]　**2** X, that → whose　**3** X, what → which[that]　**4** O　**5** X, That → What　**6** O　**7** X, where → when　**8** X, the way how → the way[how]

Chapter 7
비교 표현

UNIT 1 원급, 비교급, 최상급
p. 72

A
그는 거북이만큼 느리게 걷는다.
Sharon은 그녀의 어머니만큼 예쁘지 않다.

Check-up
1 as fast as　**2** not as hot as　**3** as often as

B
Sandra는 Megan보다 키가 크다.
나는 컴퓨터 게임이 책보다 더 흥미롭다고 생각한다.

More Grammar
그 뮤지컬은 내가 기대했던 것보다 훨씬 좋았다.
롤러코스터는 바이킹보다 훨씬 더 신이 난다.

Grammar Tips
이 텔레비전은 저 텔레비전보다 뛰어나다.

Check-up
1 shorter　**2** bigger　**3** a lot more important　**4** wider
5 even more crowded

C
1 세계에서 가장 큰 동물은 무엇이니?
　　Bill은 내 조카 중에서 가장 조심성 있다.
2 캐나다는 세계에서 가장 추운 나라 중 하나이다.
　　Bob은 오늘날 가장 인기 있는 작가 중 한 명이다.

Check-up
1 My mother is the shortest
2 Beijing is the hottest
3 The hippo is the heaviest
4 one of the fastest runners

UNIT 2 주요 비교 표현
p. 74

A
1 내 여동생은 가능한 한 자주 학교에 걸어간다.
　　Billy는 가능한 한 깔끔하게 글을 쓴다.
2 이 바지가 저 바지보다 두 배 비싸다.
　　이 수학 문제는 이전 것보다 세 배 어렵다.

Check-up
1 eat pizza as often as possible
2 three times as long as that one

B
1 네가 운동하면 할수록, 몸이 더 좋아질 것이다.
네가 열심히 노력하면 할수록, 너는 더 성공할 것이다.
2 아이는 계속해서 점점 더 커진다.
George의 성적이 매달 점점 더 좋아지고 있다.
3 고기와 채소 중 어느 것을 더 좋아하니?
Andy와 Brian 중 누가 더 매력적이니?

Check-up
1 prettier and prettier 2 The earlier, the sooner
3 Who, taller 4 Which, better

C
1 Eric은 내가 지금까지 알아온 사람 중 가장 멋진 사람이다.
그것은 내가 지금까지 본 것 중 가장 훌륭한 영화였다.
2 어떤 수업도 수학만큼 어렵지 않다.
어떤 사람도 내 사촌 Amy만큼 재미있지 않다.
어느 누구도 아인슈타인보다 똑똑하지 않다.
어느 무용수도 Tiffany보다 유명하지 않다.
축구는 다른 어떤 스포츠보다 더 인기 있다.
→ 축구는 다른 모든 스포츠들보다 더 인기 있다.

Check-up
1 as old as 2 older than 3 older than any other book
4 older than all the other books

내신 적중 테스트
p. 76

1 ② 2 ① 3 ③ 4 ⑤ 5 ③ 6 ② 7 ① 8 as
early as possible 9 better than 10 the most
interesting subject 11 ④ 12 ⑤ 13 hotter and
hotter 14 one of the most active students
15 all the other actresses 16 ② 17 ③ 18 ④
19 four times as old as 20 more expensive than
21 ② 22 ② 23 ③ 24 ② 25 ⑤

1 비교급+than ~: ~보다 더 …한[하게]
2 as+원급+as ~: ~만큼 …한[하게]
  ▶ suitcase 여행 가방
3 No ~ 비교급+than: 어떤 ~도 …보다 ~하지 않은[않게]
4 one of the+최상급+복수명사: 가장 ~한 …중의 하나
5 bad의 비교급, 최상급은 worse - worst이다.
6 very는 비교급을 강조할 수 없다.
7 pretty의 최상급은 prettiest이다.
  ▶ drama club 연극반

8 as+원급+as+주어+can = as+원급+as possible
9 최상급은 「비교급+than any other+단수명사」로 바꿔 쓸 수 있다.
10 「No ~ as+원급+as」는 최상급으로 바꿔 쓸 수 있다.
11 ④ → the most boring, the+최상급(+that)+주어+have ever v-ed: 지금까지 ~한 것 중 가장 …한
12 ⑤ → three times as big as, 배수사+as+원급+as ~: ~보다 몇 배만큼 …한[하게]
  ▶ position 지위, 위치 charming 매력적인
13 비교급+and+비교급: 점점 더 ~한[하게]
14 one of the+최상급+복수명사: 가장 ~한 …중의 하나
15 비교급+than all the other+복수명사: 다른 모든 ~보다도 더 …한[하게]
16 not as+원급+as ~: ~만큼 …하지 않은[않게]
17 No ~ as+원급+as: 어떤 ~도 …만큼 ~하지 않은[않게]
18 • than으로 보아 비교급이 들어가야 한다.
  • the+비교급, the+비교급: ~하면 할수록 더 …하다
  ▶ gain weight 체중이 늘다 few (수가) 적은
19 배수사+as+원급+as ~: ~보다 몇 배만큼 …한[하게]
20 비교급+than ~: ~보다 더 …한[하게]
21 Which[Who] ~ 비교급, A or B?: A와 B 중에서 어느 것이[누가] 더 ~한가?
22 비교급+than any other+단수명사: 다른 어떤 ~보다도 더 …한[하게]
  ▶ choir 합창단
23 비교급+and+비교급: 점점 더 ~한[하게]
24 ⓑ not easy as → not as easy as
  ⓒ as more quickly as → as quickly as
  ⓓ businessman → businessmen
  ▶ businessman 경영인, 회사원
25 국립 박물관의 방문객 수는 60,000명으로, NC 타워 방문객 20,000명보다 세 배 많다.
  ▶ visitor 방문객 per ~마다 the National Museum 국립 박물관 gallery 미술관

서술형 내공 Up
p. 79

A 1 He is the strongest person I've ever met.
  2 Your bag is not as stylish as mine.
  3 No teacher is stricter than Mr. Brown.

B 1 twice as long as
  2 The harder, the better
  3 the most beautiful painting

C 1 the youngest
  2 heavier than
  3 as tall as

D 1 higher and higher
  2 much faster than

E ⓐ → the best restaurants ⓒ → more ⓓ → as soon as I can

A 1 the+최상급(+that)+주어+have ever v-ed: 지금까지 ~한 것 중 가장 …한
  2 not as+원급+as ~: ~만큼 …하지 않은[않게]
    ▶ stylish 세련된
  3 No ~ 비교급+than: 어떤 ~도 …보다 ~하지 않은[않게]
    ▶ strict 엄격한

B 1 배수사+as+원급+as ~: ~보다 몇 배만큼 …한[하게]
  2 the+비교급, the+비교급: ~하면 할수록 더 …하다
  3 the+최상급: 가장 ~한[하게]

C Robin이 셋 중에서 가장 어리고, Ted는 Adam보다 몸무게가 많이 나가며, Adam은 Robin과 키가 똑같다.

D 1 비교급+and+비교급: 점점 더 ~한[하게]
  2 비교급을 강조할 때는 비교급 앞에 much를 쓴다.

E ⓐ one of the+최상급+복수명사: 가장 ~한 …중의 하나
  ⓒ 비교급+than ~: ~보다 더 …한[하게]
  ⓓ as+원급+as+주어+can: …가 할 수 있는 한 ~한[하게]

Lauren: 저는 이곳이 마을에서 가장 좋은 식당 중 하나라고 들었어요. 주문할 음식을 추천해 주실 수 있나요?
웨이터: 물론이죠. 매콤한 음식과 달콤한 음식 중 어느 것을 더 좋아하세요?
Lauren: 저는 달콤한 음식보다 매콤한 음식을 더 좋아해요.
웨이터: 그러면 치킨 카레를 추천합니다. 그것은 정말 맛있답니다.
Lauren: 그것이 좋겠네요. 그것으로 할게요.
웨이터: 알겠습니다. 가능한 한 빨리 주문하신 것을 가져다 드리겠습니다.

▶ recommend 추천하다 order 주문하다; 주문한 음식
spicy 매콤한, 자극적인

문법정리 OX
p. 80

1 X, better → well 2 X, very → much[a lot, far, even]
3 X, watch → watches 4 X, fastest → fast 5 O 6 X, long → longer 7 X, more → most 8 X, girls → girl

---

Chapter 8
부정대명사와 접속사

UNIT 1 부정대명사
p. 82

A

저는 은행을 찾고 있습니다. – 모퉁이에 하나가 있습니다.
저는 이 바지가 마음에 들어요. 더 큰 것 있나요?

Grammar Tips
당신의 시계가 좋아 보여요. 그것을 어디에서 샀나요?

Check-up
1 it 2 one

B

1 모두가 카메라를 보고 있다.
  시골 지역은 모든 것이 조용하다.
  모든 동물들이 자고 있다.
  모든 정보가 이 책 안에 있다.
2 두 남자 모두 여행하는 것을 좋아한다.
  우리 둘 다 농구 선수이다.

Check-up
1 are → is 2 likes → like 3 is → are

C

각각의 언어에는 그것만의 문법이 있다.
모든 버스가 사람들로 복잡하다.
학생들 각자는 동기 부여를 필요로 한다.

Check-up
1 Each, is 2 Every, has 3 Each, knows

D

1 이 우산은 부러졌어. 나에게 다른 것을 줘.
  그는 다른 나라에서 살고 싶어 한다.
2 나는 고양이 두 마리를 가지고 있다. 한 마리는 갈색이고, 다른 한 마리는 검은색이다.
3 어떤 사람들은 여름을 좋아하고, 다른 사람들은 겨울을 좋아한다.

Grammar Tips
방 안에 15명의 사람들이 있다. 어떤 사람들은 춤추는 것을 좋아하지만, 나머지 사람들은 그렇지 않다.

Check-up
1 another 2 the other 3 another 4 others

E

David와 나는 항상 서로 돕는다.
우리는 서로를 이해할 필요가 있다.

Check-up

1 They argue with each other
2 very different from one another
3 Dan and his son hugged each other.

UNIT 2 접속사 p. 84

A

1 그녀는 똑똑할 뿐만 아니라 친절하기도 하다.
2 Fred와 그의 동생 둘 다 노래를 잘한다.
3 너나 그녀 중 한쪽이 틀렸다.
4 나는 배고프지도 배부르지도 않다.

Grammar Tips

너뿐만 아니라 Ron도 자원봉사에 관심이 있다.
내 여동생과 나 둘 다 파리에 산다.
Amy나 너 중 하나는 방을 청소해야 한다.

Check-up

1 either, or   2 not only, but also   3 Both, and
4 as well as   5 Neither, nor

B

1 너희 팀이 경기에서 이긴 것은 놀랍다.
  나는 네가 매일 운동을 해야 한다고 생각한다.
  사실은 두 나라가 서로를 좋아하지 않는다는 것이다.
2 나는 그가 진실을 말하고 있는 것인지 (아닌지) 궁금하다.

Check-up

1 that the man stole the car
2 you will enjoy this party
3 if you can lend me your jacket
4 that my car doesn't start
5 whether she is interested in acting

C

1 나는 밤에 잠자리에 들기 전에 샤워를 한다.
  우리는 저녁을 다 먹은 후에 산책할 것이다.
  그는 해가 질 때까지 기다렸다.
  내 여자 친구는 내가 자는 동안 나에게 여러 번 전화했다.
  그녀는 여동생이 돌아왔을 때 음악을 듣고 있었다.
  Tony는 내가 전화 통화를 하고 있을 때 텔레비전을 보는 중이었다.
2 질문이 있으면, 저에게 나중에 물어보세요.
  일찍 일어나지 않으면, 너는 지각할 것이다.
3 나는 피곤했기 때문에, 낮잠을 잤다.

4 방이 시끄러웠을지라도 그는 열심히 공부하고 있었다.

Grammar Tips

나는 비 때문에 집에 머물렀다.

Check-up

1 until   2 Since   3 If   4 Though   5 while

내신 적중 테스트 p. 86

1 ②   2 ③   3 ③   4 ⑤   5 ③   6 both   7 unless
8 Tom but also Anna got an A in math
9 Though[Although, Even though]   10 ①   11 ④
12 ⑤   13 ②   14 ①   15 ①   16 ③   17 Some,
others   18 Neither, nor   19 ③   20 ⑤   21 it →
one   22 were → was   23 ④   24 ⑤   25 ⑤

1 one은 앞에 나온 명사와 같은 종류의 사람이나 사물을 가리킬 때 쓴다. sunglasses가 복수이므로 ones가 알맞다.
2 another는 같은 종류의 또 다른 것을 가리킬 때 쓴다.
  ▶ suit 어울리다
3 neither A nor B: A도 아니고 B도 아닌
4 둘 중 나머지 하나를 가리킬 때는 the other를 쓴다.
5 문맥상 양보를 나타내는 접속사 though가 알맞다.
6 both A and B: A와 B 둘 다
7 unless: 만약 ~하지 않는다면 (= if ... not)
8 B as well as A = not only A but also B: A뿐만 아니라 B도
9 though[although, even though]: 비록 ~일지라도
10 「each of+복수명사」와 「every+단수명사」는 단수 취급한다.
11 접속사 that은 '~라는 것'의 뜻으로 명사절을 이끌고, 접속사 if는 '~인지'의 뜻으로 명사절을 이끌 수 있다.
12 접속사 until은 '~할 때까지', 접속사 before는 '~하기 전에'라는 뜻으로 쓰인다.
13 ② → are, 「all+(of)+명사」의 경우에는 명사의 수에 동사를 일치시킨다.
14 ① → Unless, '만약 ~하지 않는다면'의 뜻을 가진 접속사 unless가 와야 한다.
15 접속사 if는 조건을 나타내는 부사절(만약 ~라면)과 명사절(~인지)을 모두 이끌 수 있다.
16 another는 같은 종류의 또 다른 것을 말할 때 쓴다.
  ▶ block 막다, 차단하다
17 some ~ others ...: 어떤 것[사람]들은 ~, 다른 어떤 것[사람]들은 …
18 neither A nor B: A도 아니고 B도 아닌
19 ③은 '~할 때', 나머지는 모두 '~이기 때문에'
  ▶ nearby 근처에
20 both A and B: A와 B 둘 다(복수 취급)
21 it은 앞에 나온 바로 그것을 가리키고, one은 앞에 나온 명사와 같은 종류의 사물을 가리킨다.
22 all 뒤에 단수명사가 왔으므로 단수 취급한다.

23 ① have → has, 「every+단수명사」는 단수 취급한다.
   ② one → it, 앞에서 언급한 바로 그것을 가리킬 때는 it을 쓴다.
   ③ either → neither 또는 nor → or, neither A nor B:
   A도 아니고 B도 아닌 / either A or B: A나 B 중 한쪽
   ⑤ another → the other, one ~ the other ...: (둘 중)
   하나는 ~, 다른 하나는 …
   ▶ main character 주인공
24 ⑤에는 '~인지'라는 의미의 if나 whether가 알맞고,
   나머지에는 '~라는 것'이라는 의미의 that이 알맞다.
   ▶ professor 교수
25 ⑤는 의문사, 나머지는 모두 접속사
   ▶ get off (차에서) 내리다

ⓑ 저녁을 먹으면서 전통 무용 공연을 볼 것이다.
ⓒ 저녁을 먹기 전에 마사지를 받을 것이다.

A: 체크인을 하고 난 후, 저희는 무엇을 하나요?
B: 저희는 Siam에서 쇼핑을 할 것입니다.
A: 몇 시에 저녁을 먹을 건가요?
B: 저녁 7시 30분이에요. 저녁을 먹는 동안 저희는 전통 무용
   공연을 관람할 것입니다.
A: 질문이 하나 더 있어요. 저녁을 먹기 전에 마사지를 받을
   예정인가요?
B: 네, (마사지가) 마음에 드실 거예요!

▶ traditional 전통적인

서술형 내공 Up
p. 89

A 1 He and I could not understand each other.
  2 It is sad that his father is very ill.
  3 All of the comic books are popular.

B 1 Unless you take a taxi[If you don't take a
    taxi]
  2 give me another
  3 funny as well as friendly[not only friendly but
    also funny]

C 1 Although we live in the same town, we're not
    close.
  2 Kate skipped lunch since she was very busy.
  3 I wonder whether she is at home now.

D 1 the other, Both, are
  2 either a sandwich or

E ⓐ After ⓑ While ⓒ before

A 1 each other는 '서로'라는 뜻이다.
  2 that절이 문장에서 주어 역할을 하는 경우, 보통 주어 자리에
    가주어 It을 쓰고 that절은 뒤로 보낸다.
  3 「all+(of)+명사」의 경우에는 명사의 수에 동사를 일치시킨다.

B 1 unless = if ... not: 만약 ~하지 않는다면
  2 another는 같은 종류의 또 다른 것을 말할 때 쓴다.
  3 B as well as A = not only A but also B: A뿐만
    아니라 B도

C although는 '비록 ~일지라도', since는 '~이기 때문에',
  whether는 '~인지'의 뜻을 가지고 있다.

D 1 '(둘 중) 하나는 ~, 다른 하나는 …'은 「one ~ the other
    ...」의 형태로 쓰며, both는 '둘 다'라는 뜻으로 복수
    취급한다.
  2 'A나 B 중 한쪽'은 「either A or B」의 형태로 쓴다.

E ⓐ 체크인을 한 후 쇼핑을 할 것이다.

문법정리 OX
p. 90

1 X, it → one 2 X, is → are 3 X, are → is 4 O 5 O
6 X, or → nor 7 X, whether → that 8 X, If → Unless

19

memo

memo

memo

열여섯 시간에 완성하는 중학 영어 단기 특강

열중 16강
문법 LEVEL 2